大樂文化

為何有錢人都用 EXCEL 理財筆記術

33招致富祕笈，薪水3萬也能翻身！

艾莉思 ◎ 著

目錄

Part 2

每天的開銷該是多少？用EXCEL管帳不失控 035

Part 4

意外該怎麼預防？用EXCEL透視保險與年金 153

推薦序

EXCEL是職場顯學，更是歸納理財習慣的好幫手

為你而讀／先行智庫執行長　蘇書平

近年，EXCEL逐漸成為一種職場顯學，是各行各業都要學會使用的工具。這本《為何有錢人都用EXCEL理財筆記術》的思考邏輯，能幫助你規劃理財習慣，在生活與工作中找到奮鬥目標。

以往我的理財經驗就是努力用數字做目標管理，在年輕時曾和艾莉思一起投資過基金、股票、保險等。結果，我發現最好的管理，其實是將收入減去存入銀行的錢或投入基金、股票、保險的資金，剩下的才是真正可應用在生活的花費。

這有點像是管理公司的概念，你的收入或投資所得就是營收，日常支出的費用就是成本，只有放大收入所得並降低開銷費用，才能增加未來的時間和投資利潤。例如

書中提到五子登科的錢，你在年輕時就要提早列入規劃，所以如何善用EXCEL的簡單表格思考人生目標，便是進入社會後必學的生活智慧。

此外，我在看到自己阿嬤的龐大醫療和看護費用後，開始用不一樣的角度看待保險，本書第四章也提到，正確的保險觀念很重要。從前我把保險看作是投資，但這是不對的觀念。保險真正的意義在保障你的人生和家庭，其實是一種風險管理，所以我後來常要求我的保險業務員，用EXCEL幫我定期健檢所有的保單狀況，並根據不同的人生階段提供客觀的規劃建議。本書也說明這些觀念，能幫助剛踏入社會的新鮮人儘早建立正確的理財觀。

希望各位朋友都詳讀書中的三十三招，提早為自己的人生設定可量化的目標，並透過表格有系統地歸納理財思考習慣，建立一套屬於自己的財富管理哲學。

前言
用 EXCEL 理財，為自己打造一座穩健的金庫

我們理財與投資的初衷，都在於追求更好的生活。不論你的理由是為了有更多的人生選擇權、更多找尋人生志業的時間，或是給予親愛的人更優渥的生活品質，只要有一個火柴大的起點，你都可以從本書中找到適合自己的資訊。

什麼樣的人適合閱讀本書？

- 開始重視自己的金錢，卻不知道從哪裡著手的人
- 對理財投資還不清楚，不知道哪些商品適合自己的人
- 只想要看一本書，就可以理解理財架構的人
- 理財一直不成功，但是尚未放棄的人

在開始之前，你需要先有一個概念：**理財是一種管理與習慣**。就像飲食一樣，你可以更換種類，但不能不吃飯。養成良好的飲食習慣，你可以讓自己更加健康；同樣地，養成好的理財觀念與習慣，你的財務就不會糟到哪裡去。

投資是一種操作與選擇。有別於理財，投資是為了將理財留住的金錢變得更有效益。如果將理財比喻為栽種的土壤，投資就是肥料，讓你的金錢種子可以發芽地更快速。投資的工具與資訊每天都在更新，你可以依照書中的小測驗瞭解自己的特質與個性，找尋適合自己的投資工具。

我學到理財與投資的第一課

在我剛開始學習理財與投資時，整個大環境都在暢談「富爸爸、窮爸爸」的概念，許多成功人士不斷引用充滿激勵的話語，例如：「富爸爸懂得利用財務槓桿，窮爸爸卻認為那充滿風險」、「窮爸爸認為不要做債主，富爸爸懂得投資槓桿」、「窮爸爸說不要做欠債者，但富爸爸會適時地運用槓桿。」

在那段人們、雜誌、媒體都瘋談理財投資的期間，我開始接觸這一塊資訊，很喜歡幾位人士的名言，像是：

國際暢銷理財作家哈福．艾克說：「沒有人一出生就是理財天才，每一個有錢人都是經由學習才知道如何在金錢遊戲裡獲勝。」

美國財經界傳奇人物史帝夫．錢德勒與山姆．貝克福說：「如果你因為腎衰竭，需要每天花一小時洗腎，你絕不會說我擠不出這一小時。如果你覺得沒有錢萬萬不能，請開始每天花一小時，做一件能讓你增加財富的事。」

這些經典名言，很容易吸引到像我當時那樣想快速成功、但歷練不多的投資小菜鳥。那些小菜鳥看到的是站在山頂的成功者，希望透過快速操作能擁有同樣的結果。相信你一定猜到，我遭遇慘痛的教訓，因為忽略風險。人們在夢想著不再為錢工作的同時，並非都知道「認知風險」的重要性。實際上，這些富爸爸都已提醒，進行財務管理必須注意風險，但許多媒體忘記仔細說明「忽視風險」的後果有多麼慘烈。

我正是在經歷慘痛的教訓後，切身體悟到忽視風險的嚴重性，開始重新審視理財與投資的真正意義。由於理財暢銷書作者大多是外國人，而且所有的細節很難透過一本書真正說完，加上許多的投資方法不一定適合所有年齡層，或是台灣人的習性，因此我希望藉由本書，幫助想要擁有自己的資產，卻不孰悉理財投資概念的朋友。

那段經歷教訓的日子……

就人生階段而言，三十到三十九歲是承先啟後的時期，對我來說，這是一段整合經驗的時光。從安穩的學校畢業後，歷經將近十七年的上下起伏，終於進入穩定成長的時期，對社會規則多了些瞭解與學習，當然也付出不少學費。

我與一般人沒有太大的不同，不外乎想要工作賺錢、成家立業、結婚生子等，原本以為認真工作、努力學習，就可以達成這些目標，但隨著時間的累積、知識的擴展，卻發現事與願違。

許多人在畢業時都心想，要找一份穩定且有發展前景的工作，在公司內穩定晉升，不求一定要爬到人上人的地位，最大的期望是求得溫飽與生活穩定。不過，隨著時代演變，競爭越來越激烈，想在一家公司裡有個穩定的職務，其實還需要花心思，而且會遇到許多關卡。

比方說，工作內容與興趣、個性不合，公司沒有完善的升遷制度，肩負無止盡的責任制，面對持續的營運不佳、共體時艱，沒有加薪、年終及分紅，而且努力拚死拚活，但日後升遷加薪的居然不是自己。更別說無論在哪家公司，都存在潛規則。再來就是加班時數一直上升，薪水調幅卻老是持平。

在這種情況下，我決定開拓新的收入來源，但對進入社會才幾年的人而言，靠投資來賺錢謀生可說是天方夜譚。我為了早早退休，一頭闖進理財規劃的世界，加上好奇與不服輸的性格，在社會大學的第一堂課，便徹底做了各種金錢規則的功課。

我曾經學過財務規劃，後來踏入保險業界，學習怎麼進行財務分配，但依然賠了一百五十萬元左右，原因無他，因為貪求「快錢」與「快速成功」。這也是許多想要快速致富的人會產生的盲點與致命傷。當時，收益最高的套利手段是炒房地產，我不得不說，富爸爸窮爸爸的觀念在媒體持續炒作下，確實助長這股風氣，許多人在對理財與投資知識一知半解的情況下，沒有做好準備就投身分租套房這個領域。

然而，套利只是一種工具，依照不同運用方式可好可壞。富爸爸說的是他自己的成功方式，而他擁有比一般人多的知識與資訊來評估風險與時機，所以成功了。但是，當時許多跟隨者是透過商業操作平台進行投資，並不是真的懂這些道理，更不一定考量到自身的風險承受度，因此這樣的投資其實等於在賭博。說句實話，賭博最終會賺錢的只有兩種人——做莊的人與其他暗樁。

在投資的路上，任何人說「沒風險、可保本」都是騙人的。如果自己知識不足，不應該貿然將錢交給別人投資。當時，我用自己的信用去貸款，從事不熟悉的投資，像是基金、未上市公司、海外公司、外匯等，加總下來損失了一百五十萬元上下。從頭到尾，我只賺過一次，總共十二萬，後來還拿去支付其他學費，可說是賠了成本十倍以上的錢，才學到教訓。

從教訓中清醒

我直到每個月必須將薪資的三分之一償還給銀行，才真正開始面對現實，檢視並調整基本財務狀況。即使三十歲後有了四萬元以上的收入，還得過著克制慾望的生活，只為了在繳完房租、必要生活開支後，有足夠的錢吃飯。

那種連一元都不願意浪費的日子，我過了很多年，有時甚至向親友週轉。我的工作從來沒有空窗期，在轉換工作的期間也去打些零工，以免繳不出帳單，甚至過年時會找理由不回家團圓，只因為年假的薪資是平時的兩倍以上。這些辛苦是我在投資時從沒想過的代價。

到現在，我發現理財與投資最難的不是怎麼開始，而是怎麼穩定自己的心，願意面對現實，按部就班做好風險控管與分配，並且用正確理財方式養成習慣，進而找尋適合不同人生階段的投資工具，才能真正為自己打造一座穩健的金庫。理財與減肥一樣，是一輩子的課題，但只要努力就會有成果。

在本書中，我將分享人生中必須知道的金錢基本知識，以及向眾多成功富爸爸學習到的各種理財觀念，再加上親身經驗，轉化為三十三招致富祕笈，並且解說怎麼使用EXCEL表格來規劃理財投資，讓所有想要累積財富的朋友，都可以找到適合自己的方式。即使月薪只有兩萬五，只要做好財務規劃，也能輕鬆存到千萬！

讓我們一起打造穩健的財務金字塔吧，祝福各位都能達到財富自由的境地。

目的：

- 檢視這個月的現金餘額是盈餘或負債。
- 檢討開銷，列出非經常性費用。
- 評估下個月是否需降低支出，以及調整賺錢目標。

定期按月份做記錄

2009/2/5	2009/3/19	2009/4/13	2009/5/08	2009/6/8	2009/7/6
106,787	65,684	27,000	77,000	143,000	180,000
200,000	-	-	1,000,000	1,000,000	1,000,000
24,385	298	298	298	3,980	5,300
-	-	-	-	-	1,000,000
8,500	4,000	4,000	4,000	1,101,528	17,000
656	656	382,656	238,200	258	258
1,000	1,000	1,000	1,000	1,000	1,000
50	50	50	50	50	50
557	557	557	557	557	557
40	40	40	40	40	40
20,000	20,000	20,000	20,000	20,000	20,000
2,500	2,500	2,500	2,500	2,500	2,500
1,800,000	1,800,000	1,800,000	1,800,000	1,800,000	1,800,000
2,164,475	1,894,785	2,238,101	3,143,645	4,072,913	4,026,705
1,059,000	1,059,000	1,059,000	843,000	-	-
358,960	358,960	-	-	-	-
4,304,640	4,304,640	4,304,640	4,304,640	4,304,640	4,304,640
45,000	48,000	51,000	54,000	-	-
5,767,600	5,770,600	5,414,640	5,201,640	4,304,640	4,304,640
300,000	300,000	300,000	300,000	300,000	300,000

300,000	300,000	300,000	300,000	300,000	300,000
240,000	240,000	240,000	240,000	240,000	240,000
(24,099)	(24,099)	(24,099)	(24,099)	(24,099)	(24,099)
215,901	215,901	215,901	215,901	215,901	215,901
8,447,976	8,181,286	8,168,642	8,861,186	8,893,454	8,847,246
572,172	584,526	586,722	588,918	591,114	593,310
9,020,148	**8,765,812**	**8,755,364**	**9,450,104**	**9,484,568**	**9,440,556**
55,825	55,825	55,825	55,825	55,825	55,825
219,857	(254,336)	(10,448)	694,740	34,464	(44,012)

保德信-OO保費(96112) 新唐城(6000)
OO預繳學費(3000) 國小學費(5000)
過年紅包(12000) 懇丁(5000)
電腦(10,000) 悠活票卷(8400)
車檢(5200)
床(4500)
罰單(2700)
保險費-O(4677)
保險費-O(2047)

懇丁 (5000) 保險費(8099)
保險費(26108) OO美文學費(6700)
房屋稅(2240) 學費預繳(3000)
基金損失(3000)

案例

富爸爸動手做的「月帳管理EXCEL表」

表0-1 富爸爸的現金餘額總表

			2009/1/6
帳戶現額（手上所有的帳戶狀況）	流動資金	世華-OO	351,066
		世華定期-OO	200,000
		世華-股票	26,109
		世華-OO	
		世華-OO-(外匯)	
		一銀-OO	
		元大-OO	
		OO學費預付	
		世華定期-OO	-
		世華定期-OO	
		富邦-OO	57,973
		日盛	120,677
		富邦-OO	1,000
		華銀	50
		合庫-OO	557
		台新-OO	40
		外幣	20,000
		匯豐銀行	
		車位押金	2,500
		車位預付租金	
		南山保險	1,200,000
	流動資金 小 計		1,979,972
股票現額（以購買當日現值做記錄）	短期投資	富邦-股票	1,059,000
		日盛-股票	358,960
		未上市股票	4,304,640
		基金	42,000
		美金70000*29.16	
		聯茂*10*28.6	
		台光電*10*20.05	
		富衛*10*15.85	
		聯發科*263*3	
	短期投資 小 計		5,764,600
保險現額（儲蓄型的保險價值記錄）	保 險	南山祝壽金	280,000
	保 險 小 計		280,000
創業基金	其 他	自己公司股票	240,000
		公司股票-已領現金	(24,099)
	其 他 小 計		215,901
	總資金合計		8,240,473
勞退提撥	加:	勞工退休金	559,818
	合 計		**8,800,291**
	勞工退休金前損益		55,825
	本月(損)益		68,179

非經常性費用: 維他命(4000)
溫泉(2000)

列出每月財務檢討重點

表0-2 富爸爸的固定費用整理表

目的：

- 列出重大開銷（例如保險費、稅金），每月增列及檢視項目。
- 固定費用加上生活開銷，等於每年必須賺到的金額。不要養成借錢的壞習慣，一定要計算清楚。
- 設定賺錢目標，只要收入超過必須的固定支出，就等於存到錢。

保險費 → (第一列)

稅金 → (房屋稅列)

日期	摘要	代繳銀行	金額	備註
96/1/23	南山-OOO	世華	1,800	230萬(300,000 99/1取現)
96/1/25	南山-OOO	世華	4,236	
96/4/30	牌照稅		-	
96/5/23	保德信-OOO	世華	26,000	240萬
96/5/30	房屋稅		2,378	
99/6/28	南山-OOO	世華	8,099	
99/7/20	南山-OOO	世華	10,485	
96/7/31	燃料稅		4,800	
96/8/8	保德信-OOO	富邦	24,000	210萬
96/8/24	南山OOO	世華	10,588	
96/8/25	安泰(富邦) -OOO	世華	7,008	
96/9/7	保德信-OOO	富邦	5,659	200萬
96/9/7	保德信-OOO	世華	5,954	100萬(定)
96/11/20	保德信-OOO	世華	95,000	250萬
96/11/30	南山年金險-OOO		400,000	240萬
96/11/30	南山年金險-OOO		200,000	99萬
96/11/30	地價稅		300	
96/12/31	新唐城		6,200	
	媽媽月費5000*12		60,000	
	老爸月費3000*12		36,000	
	OO學費-學校5000*2		10,000	
	OO學費-安親班2000*12		24,000	
	汽車油資3000*12		36,000	
	汽車停車費2500*12		30,000	
	合　計		1,008,507	

以支出日期記錄，到期已繳完就從表單上刪除。

列出代繳銀行，就可以知道該補現金進哪個帳戶。

表0-3 富爸爸的股票投資績效表

目的：

- 檢視買賣股票的績效。
- 檢討年度股票的操作邏輯（買存股或投機股）是否正確，需不需要做些調整。

記錄成交價，以便日後做績效評估

成交時間	盤別	交易類別	股票名稱	成交股數	成交價	成交價金	
2011/12/1 12:38	普通	現股買進	聯茂(6213)	3,000	28.6	85,800	
2011/12/1 12:37	普通	現股買進	聯茂(6213)	1,000	28.6	28,600	
2011/12/1 12:36	普通	現股買進	聯茂(6213)	2,000	28.6	57,200	
2011/12/1 12:36	普通	現股買進	聯茂(6213)	4,000	28.6	114,400	286,000
2011/12/1 12:35	普通	現股買進	台光電(2383)	10,000	20.05	200,500	200,500
2011/12/1 12:35	普通	現股買進	富喬(1815)	10,000	15.85	158,500	158,500
						645,000	645,000

記錄購入時間點

用名稱做分類，日後可以只查詢單項總持股數

Part 1

一張表格、四神器，十年後你就是富爸爸！

第1招 想讓財富翻倍，得先用七二法則計算報酬率

Q 理財是有錢人才需要做的事，我的薪水只有這麼一點點，根本不需要理吧？

A 你不理財，財不理你，富爸爸也是一點一滴累積才變得富有。天下沒有不勞而獲的事，想要有錢，就得付出相對的努力。

許多人覺得談錢很俗氣，讓人感覺很勢利，但人生在世，沒有一樣不花錢！錢無法買到健康，但可以買到維持健康的醫療、食品與機會；錢無法買到開心，但可以買

到讓人開心的物品、旅遊或經驗；錢無法買到愛情，但可以買到增進感情的氣氛、服務及禮物。

甚至有些人覺得金錢是萬惡淵藪。其實，要怎麼看待金錢，差別在於心態，重點是賺錢要對得起良心，而不是不碰觸金錢，把錢當作禁忌。**金錢本身只是一種通行貨幣，用來衡量有形物品或無形服務的價值**。因此，人們擁有金錢，便可以獲得溫飽，提高增廣見聞的機會。當金錢可以為人生創造更好的選擇，甚至帶來更多的價值時，為什麼要抗拒談錢呢？

或許有些人會說，人一有錢就會多作怪！事實上，這樣的人在沒錢時，也不會少是非。價值的交換跟人的好壞沒有直接關係，當對金錢的心態正確時，才算是踏上創造財源的第一步。

理財，顧名思義為管「理」「財」務，簡單來說就是管理所擁有的金錢，因此前提是有財可理。在固定一份收入的狀況下想要累積金錢，一種方式是進行財務管理，另一種則是創造新的收入來源。

上述兩種方式需要同時進行才會變有錢，為什麼呢？在沒有錢就無法理財的前提下，開源很重要。當賺到了錢，為了讓辛苦賺來的錢可以用得更久，要透過工具保值或增值，生活才能越過越輕鬆。因此，這兩種方式一定要同步進行。

參考表1-1，對一般人而言，光是租屋這筆開銷，就已經佔月薪的三分之一，更不用提其他消費性支出。如果是住在家中，房租跟伙食費應該可以降低許多，可支配餘額會較富彈性，只不過若是沒有妥善管理，很有可能一次出國旅行或是大筆消費（像是購買電腦、手機等）之後，好不容易存的錢就沒了。

很多人會說，只要選擇好的投資工具就沒問題。沒錯！我認同，如果想要

表1-1 以台北的外宿族為例，薪資收入三萬元的支出分配表

項目	金額
套房房租	10,000元
交通費用（捷運、公車）	12,00～20,00元
伙食費用（外食族）	10,000元
基礎保險（意外、醫療）	1,000元
民生用品，通訊	1,500元
休閒娛樂	2,500元
儲蓄（或投資）	3,000元

使本金翻倍，你可以用七二法則來計算需要花多久時間，或是投資標的需要多少報酬率。

七二法則公式：七二÷投資報酬率＝時間

舉例來說，投資本金一千元，想將一千元變成兩千元。用二％報酬率的投資工具，需要七二÷二＝三六年；用一〇％報酬率的投資工具，則需要七二÷一〇＝七・二年。

或許你會說，用投資報酬率更高的工具就好了。這個說法當然沒錯，但**投資伴隨著風險，投資報酬率越高，風險自然也越大**，畢竟天下沒有白吃的午餐。假如真有高獲利、低風險的投資工具，應該很早就被擁有資訊先機的族群給壟斷。像樂透這樣以小博大的工具，偶爾玩玩即可，可別把人生都壓在上面。

當投資獲利時，相信每個人都會很開心，但是當投資失利而損及本金時，就要考量自己是否承受得了。從七二法則中不難看出，報酬率是關鍵，但很多人忽略了擁有更多的本金也是一個重點。

然而，在上述計算中，並沒有考慮到通貨膨脹的問題。每一年的通膨率大約以三至四%來計算，簡單來說，你擁有的現金價值每年會逐漸遞減，今年的一千元到了明年，實際價值就會降為九百六十至九百七十元。換句話說，你在今年花費一百元購買商品，明年要花一百三十至一百四十元，才能買到一模一樣（同質同量）的東西。

因此，今日領三萬元薪資，或許省一點在大台北地區還算過得去，但五年後這三萬元還有辦法支應生活開銷嗎？即使五年後薪資有所調漲，你預估自己可以提升多少呢？你的老闆會用多少錢支付你為公司的付出？

我相信努力進修與提升能力，一定能創造加薪的機會，但衷心建議你，從現在起為自己多創造一份收入，不論是兼差或是善用理財工具，提早開始累積金錢、控管財務，才能早一日達成財富自由的目標。

第2招 確認自己每天怎麼用錢，設定短中長期目標

Q
即使知道理財非常重要，卻不知該從何下手……。

A
現在有許多理財資訊可供參考，你可以先了解理財的整體架構，依照自己的屬性，找出自己適合的方法。

本書要介紹的理財觀念，從「每個人每天的金錢運用」開始，為各位一步步講解該如何記錄與整理，並在日常的食衣住行育樂中，找出最適合自己、最容易進行的方

式。除了介紹你好用的記帳APP外，還會講解使用教學。

然後進入「人生各階段的金錢運用」，讓你瞭解從出生第一天到生命最後一天，各階段可能會經歷的狀況與支出的費用，便可以釐清自己的奮鬥目標，並學習用EXCEL表來製作資產負債表。

再來是針對「人生中的保障」，探討如果想讓人生無後顧之憂，所需準備的預算與方法，並介紹你應該要知道的各項資源資訊，以及怎麼使用EXCEL表找出風險缺口。

最後要談的是前文中提到的開源，藉由探討「如何靠投資增加金錢」，分析不同類型的人適合什麼樣的投資商品，並且介紹初階的理財工具，教你使用EXCEL表將各項投資匯整成清單，以利定期檢視績效。

如同一開始所說，理財跟減肥一樣是一輩子的事，往往起初會比較困難，畢竟養成好習慣需要多花點時間跟心思，才能建立起一套富有彈性又符合需求的理財計畫。只要建立規則，未來只需定期檢視、微調即可。

理財就從正視收支狀況開始，藉由設定短、中、長期的財務目標，讓過程變得有

趣、令人期待，便能刺激自己主動去做，一步步打造出專屬的理財計畫。看著小錢慢慢變成大錢，是件很有成就感的事，如同美麗的曲線或是強壯的腹肌，都需要花時間琢磨打造。當然，過程中一定會遇到障礙，甚至令人想放棄，但只要重新調整方針堅持下去，就可以繼續向前邁進，這可是人生中一個很值得跨越的關卡。

快捲起你的袖子，和我一起打造屬於自己的理財計畫吧！

專欄

你適合怎樣的理財工具?來做個測驗吧

一、水平軸選項:

□經常會擔心錢不夠用。

□覺得及時享樂比較重要。

□出門前一定會檢查是否已攜帶錢包與手機。

□每次支出前,都會評估一下。

□購物前會貨比三家。

□如果買貴了,心情會很差,甚至會退貨並換一家買。

□習慣把最喜歡的食物留到最後吃。

□經常不自覺買了重複的東西。

(選項如果是兩個以下,你偏向樂觀;如果是三個以上,則偏向悲觀。)

二、垂直軸選項：

□有記帳的習慣。
□喜歡先抓預算與確定計畫。
□總覺得錢一定會自己出現。
□經常遺失發票、收據，或是不知道放在哪裡。
□不太喜歡討論錢的事情。
□覺得討論錢很俗氣、很市儈。
□認為人生最重要的事情，絕對是錢買不到的。
□總覺得錢夠用就好。

（選項如果是兩個以下，你偏向精準；如果是三個以上，則偏向隨性。）

總結計算上述的分數後，你可以對照表1-2，看看自己屬於哪一種類型，便能依照屬性去找尋工具或是調整想法，理財將變得更加容易！

表1-2 理財指數類型分類表

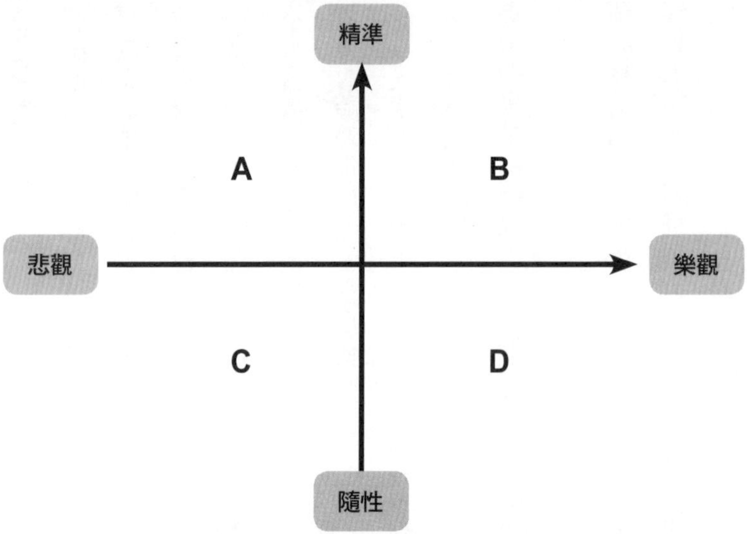

A 精準＋悲觀	B 精準＋樂觀	C 隨性＋悲觀	D 隨性＋樂觀
這類的人對於財務的掌控度較高，比較會思考未來，並確保自己的財務水位充沛。 建議偶爾犒賞自己、放鬆一下，要知道這麼努力，就是為了讓自己過得更好。	這類的人對於財務控管有自己的步調，很能落實執行。 可以多瞭解一些有興趣的投資工具，為自己規劃更完備的金錢規則。	這類的人比較容易產生財務不足的煩惱，但這是好事，表示已意識到，或許現在的財務規劃還不夠穩健。 建議多開拓收入源頭，並仔細掌握財務工具。	這類的人對於財務與人生較為樂觀，常會有船到橋頭自然直的想法。 建議使用簡單的手機工具，審慎管理自己的財務金流，並挑選簡單好操作、短期且收益穩定的投資商品。

Date / /

Part 2

每天的開銷該是多少？用 EXCEL 管帳不失控

第3招 一天的開銷項目是哪些？列表釐清就知道

Q 當家才知柴米貴，每當看到一堆帳單要繳，就覺得一個頭兩個大。究竟生活中需要支出哪些費用？

A 生活中的費用分為對內與對外兩大類，並各自包含一次性、短期與長期的開銷，只要清楚有哪些項目，就能掌握收支狀況，以及該如何開源節流。

我們還在母親肚子裡時，就已經開始花錢，例如補給營養的食品、醫療健檢、出生費用等等，一直到出生後，每一天都持續產生許多費用。

網路上曾經熱烈討論，養育一個孩子究竟需要多少錢。在此我們做個基本的估算，根據統計資料顯示，一個人從胚胎時期拉拔到大學畢業，平均需要第40頁所列的費用。（我想探討的不是養育一個孩子需要多少錢，而是一個人獨立後，或是即將扛起經濟責任，**每一天無論是清醒還是睡著，都會產生費用**。）

這是瞭解現金流量的第一步。在進一步瞭解負債與資產前，你必須先學會如何控管自己的金流。

你是否曾經算過，人的一天會產生多少費用？表2-1列出一個成年人一天基本的費用，以及可能衍生的費用。在列表之後，你會發現每天要支出的費用比想像中來得多。這些費用都是每天睜開眼就要面對的，但你可曾認真計算過？無論你的答案為何，都不會改變每天要面對的事實。

目前台灣的薪資成長幅度陷入結凍的窘境，假如你想為自己創造財富，過著舒服開心的生活，除了學習掌握財務狀況外，更要學習打造更多元的收入來源，才能真正增加錢的厚度，不再受金錢貶值所苦。

PM12:00～PM1:00	午餐	☆中餐費（自己帶便當會有食材費、製作時的水電瓦斯費用） ★飲料與咖啡費
PM1:00～PM6:00	上班	★飲料與咖啡費 ★零食費用 ★業務人員：交通費 ★業務人員：餐飲費 ★業務人員：公關費 ★手機與網路費
PM6:00～PM8:00	下班	☆晚餐費（自炊會產生食材費、水電瓦斯費用；住家裡則為0） ☆交通費（區分有車或無車族，費用不同） ★娛樂費 ★教育訓練費 ★手機與網路費
PM8:00～AM12:00	下班後時間	★娛樂費（電玩、手遊衍生費用） ★飲料費 ★零食費 ★第四台費 ★聚餐費 ☆日常用品費 ☆手機費 ☆網路費 ☆水費 ☆電費 ☆房租

備註：

1. 以上項目是在正常生活作息下，一個人一日的基礎消費項目。有些項目雖爲月繳類型，但若是沒繳費，卻是一天都無法使用。想瞭解金錢的必要性，一定要具備這些基本認知。
2. 以上項目都是每日基本必須花費，不包含其他節慶、禮品與禮金、儲蓄投資、稅金、其他大型娛樂性質等的開銷。

表2-1 一個人一天的基本開銷

時間	作息	☆：所需負擔的基本項目 ★：可能衍生的費用
AM12:00～AM7:00	睡覺休息	☆房租（若與家人同住，這筆錢會變成給家裡的費用） ☆電費
AM7:00～AM8:00	起床	☆房租 ☆電費 ☆水費 ☆瓦斯費（有些外宿族不用負擔瓦斯費，但相對的電費可能會提高） ☆早餐費 ☆手機與網路費 ★第四台費用 ☆日常用品費（牙膏、衛生紙、沐浴用品、美髮用品等） ☆治裝費（衣物鞋包用品等） ☆保養品與化妝品費
PM8:00～AM9:00	出門通勤	☆交通費 ★有車族：油料費 ★有車族：車品保養費（通常以季或年來計算次數） ★有車族：停車費 ★手機與網路費
PM9:00～PM12:00	上班	★飲料與咖啡費 ★零食費用 ★手機與網路費

圖2-1 從出生到大學畢業為止的支出預算表

依據統計數據顯示，一個人從胎兒時期到大學畢業的各個階段，大約需要花費以下所列金額。

	低標	高標
懷孕期	2萬	16萬
幼兒期	30萬	150萬
小學期	55萬	100萬
國中期	25萬	55萬
高中期	30萬	60萬
大學期	67萬	200萬

資料來源：商周財富網。

第4招 設定「金錢管家」打理收支，還要獎勵自己

Q 每次記帳都是三分鐘熱度，到底怎麼做才能讓自己努力持續下去呢？

A 記帳最忌不切實際、好高騖遠，其實只要每天給自己一點時間整理金流，設定一個享受的目標，就能刺激自己好好管理財富。

成功的背後累積了無數次的失敗經驗。我剛出社會時，曾經是個月光族，除了把每個月三萬元的薪水全部花光，還用信用卡預先消費，因此累積不少卡債，這都是因

為不瞭解收入與支出之間有何關連（請參照圖2-2所示）。

後來，我痛定思痛，決心要對自己的財務負責，因此嘗試過許多理財方法，但都很難持久。每次都雄心壯志想著一定要改變，卻又打從心底認為，自己很難做好財務控管，無法控制對於新鮮玩意的購買慾望。

這個問題困擾我許久，直到有次上一堂民間舉辦的理財講座，課程中提到，國外許多有錢人都擁有自己的管家，像是清掃的管家、財務的管家、工作的管家（在台灣一般稱為秘書或是助理）等。我突然靈機一動，如果今天有位管家專門控制我的預算與記錄所有收支，我每天只需看一下這位管家提出的報表，就可以馬上知道自己當下的財務狀況，這樣不是非常方便嗎！

我當然沒錢僱用這樣的人，來貼身管理自己的金流狀況。但是換個角度想，如果我是管家，老闆請我為他做財務管理，我會怎麼做呢？

答案是，**將每一筆收入與消費都記錄下來並做成表格，然後依照預算分配來檢視是否有超支的情形，再進一步預先規劃、分配一整個月的預算**。所以從那一刻起，我決定化身為自己的金錢管家。

圖2-2 收入與支出關係圖

收入＞支出

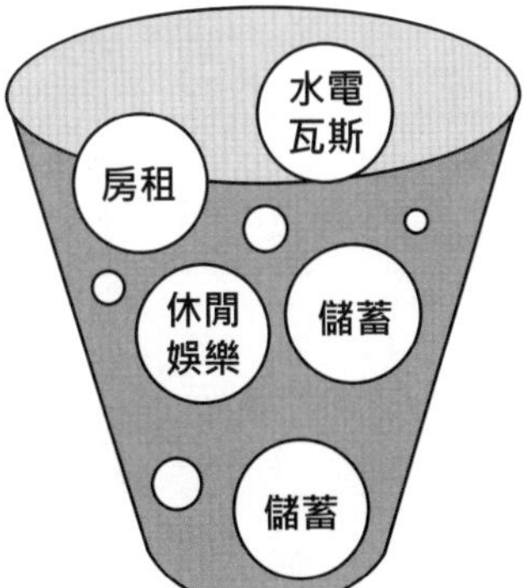

當收入大於支出，就有更多的錢可以運用，人生變得輕鬆的目標將更快達成。

收入＜支出

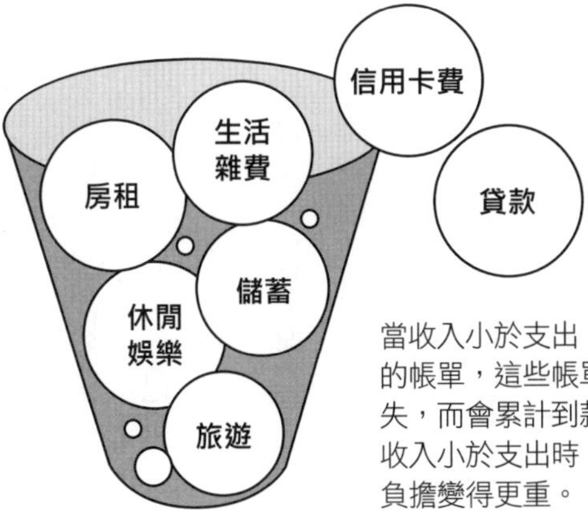

當收入小於支出，就會產生更多應付卻未付的帳單，這些帳單不會到了下個月就自動消失，而會累計到款項結清為止。每個月都是收入小於支出時，就會產生更多筆債務，讓負擔變得更重。

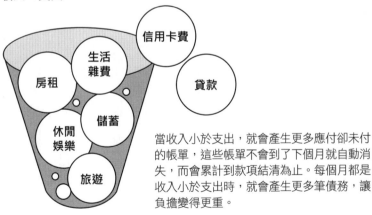

人們有時會試圖振作，以為自己能輕易改掉壞習慣，但這是不切實際的想像。**一個習慣的養成，基本上需要一個月左右的時間**，而要讓這個習慣成為下意識的行為，少說得經過幾年的時間，甚至和每個人的生活背景有關。

想要快速改變習慣，除非具有強大的意志力與執行力，或是發生重大變故，否則很難在極短時間內做到。只不過若是這樣就放棄，那就不可能擁有富裕人生了。請給自己一點時間調整，從一天五分鐘開始培養習慣。每一個修正與挫折都是為了讓下一步更好，因此千萬不要感到氣餒。

當你遭遇挫折時，可以用一些小方法轉換心情，像是讓自己站在第三者的立場來看待事情：「如果我是一個長輩（爸爸、媽媽或是敬佩的人），會怎麼解決？」

這個假想人物可以是你敬佩的人，但不建議用名人，因為你不一定瞭解這些人遇到難題時，是怎麼思考、怎麼面對，所以可能會產生這樣的想法：「這些名人有錢、有人脈、有資源，當然有能力解決問題，而自己什麼都沒有，所以解決不了問題也是無可奈何。」這樣做沒辦法幫助自己改變。

在開始存錢之前，重點是要為自己設定不同階段的享樂目標。該怎麼做呢？很簡單，先設定一年的存錢目標，在達成這個目標後，從中提撥出一〇至二〇%的費用犒賞自己（如圖2-3所示）。舉例來說，一個月存五千元，一年可以存下六萬元，當達成六萬元目標時，就提撥六千至一萬二千元的費用獎勵自己。

請將這筆獎勵金，使用在會讓你開心的事物上，或是從未體驗過的高價值事物。例如：去無菜單的餐廳享受美食，完全不去想費用的事，用心犒賞自己；或是將錢捐獻給你覺得別具意義的公益團體，甚至去做志工服務，加深成就感。

這種**開心的感覺能幫助你，在設定及執行下一階段的存錢目標時更有動力**。如此一來，你不會覺得存錢是一件苦差事，反而會覺得存到設定目標後，就有一筆錢能慰勞自己，同時還有已存下的母

圖2-3　設定目標與獎勵以及總金額的比例

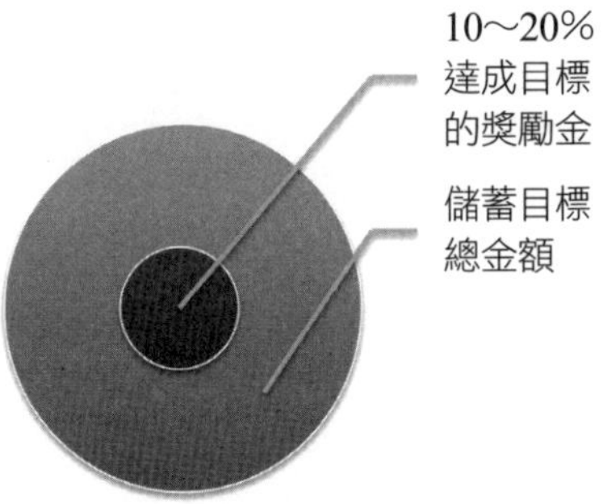

金可以滾出更多的錢。

藉著提升成就感與愉悅感，讓存錢變快樂。唯有開心大於壓力，才能長久持續下去。

第5招 吃掉你錢財的消費怪獸，用記帳抓出來

Q 錢包裡的錢總是不知不覺就消失，而且還想不起來花在哪裡，該怎麼辦才好？

A 錢自己不會長腳，若是要對花錢保持敏銳度，應該找到適合自己的記帳方式，才能有效掌控金流狀況。

許多人在剛開始學習控管財務時，都會被告知要記帳，我也不例外。但老實說，以前我沒有記帳習慣，更不懂為什麼要記帳，根本沒把這件事放在心上。

因此，演變成下定決心要做，打從起床睜開眼，就不斷在心底告誡自己要好好記帳，然後下床開始忙就忘記，等到想起來時，距離消費已有段時間，只能記下還記得的部份，不記得的只好作罷。幾天之後，因為無法在記帳方面產生成就感，甚至還可能產生厭惡感、罪惡感，於是乾脆放任不管，等下一次再從頭開始。

我反覆掙扎將近兩個月，才真正開始持續記帳。後來回顧檢視，發現自己只要忙碌便會忘記，都是等到晚上整理收據才記帳，有時還因為處理其他事情而忘記。雖然曾經中斷好幾次，但我從不曾放棄。

有一天我突然想到，應該要先瞭解為什麼需要記帳，因此去請教公司的會計。他告訴我，就如同公司內的流水帳，要記錄每一筆交易進出，才能統計所有的金流數字是否符合預算、有無超標，以及該如何控管。於是我才瞭解，**要調整自己的財務狀況，第一步就是要知道錢都花去哪了！**

記帳的目的是為了檢視金流現況。一般人大多認為，自己的消費習慣跟計畫預算相差不遠，等到發生以下情況才感到疑惑：「我就只花飲食、交通等必要開支，但怎麼轉眼間錢就不夠用了？」「星期一才放了一千元進皮夾，怎麼才星期三就已經花完了？」

生活中常常一不小心就花費許多小錢，只要沒有特別注意，小錢就會累積成大錢。一千元看似很大，其實也不過是十張一百元，以現在的消費水平，一頓午餐可能就花掉兩張一百元，早上買杯星巴克也需要一張半的一百元，再買點零食，又支出一張一百元，零零總總加起來，可能一天就付出四張半的一百元。

以一位月入三萬元的上班族來說，假如一個月的伙食費預算是薪水的三分之一，也就是一萬元左右，平均一天的預算是三百三十元，那麼四百五十元便明顯超出許多。如果你沒有記帳習慣，可能對這個狀況渾然不覺，很快就入不敷出，或是挪用到其他預算的錢。

記帳能加強對錢的敏感度，每天都記帳的人在花時間整理收支記錄時，會注意到錢花在什麼地方，並且警惕自己不能再亂花錢，便能更快調整金流狀態。人們形形色色，記帳方式也五花八門。圖 2-4 列舉四種較為常見的記帳方式。

只不過，每個人心中的尺都不同，以我來說，價值觀基準為一千元，換句話說，一次付出的錢超過一千元，我才會覺得貴，這便是我經常手滑亂買的主因。於是我重新修正價值觀，將標準降低到只要花超過一百元，就要思考是否需要、是否值得？這麼做不但有效遏止亂花錢的壞習慣，連生活開支都大幅縮減了！所以建議你從現在起，好好審視自己的標準。

圖2-4 常見的四種記帳方式

● 用便條紙記流水帳。

● 用家計簿記帳。

● 用手機APP軟體記帳。

● 用EXCEL表單記帳。

專欄

挑選手機APP記帳軟體，參考8個基準

身處科技進步快速的時代，現在幾乎人手一支智慧型手機，既然有如此便利的工具，當然要善加利用。

在手機的APP下載區（像是Apple Store、Google Play Store），**你可以用「記帳」、「MONEY」等關鍵字，搜尋到不少記帳軟體**。依照自己的需求，參考評論上的留言，挑選最適合的記帳APP。因為這是每天都要用的，在挑選時可參考以下幾個重點：

1. 版型設計在使用上順不順手。
2. 是否能自行增加項目。
3. 有無備份功能。

4. 是否能匯出資料到電腦。
5. 匯出格式是否為常用軟體，例如EXCEL。
6. 更換手機系統時，資料是否相容（有些軟體在Android系統與ＩＯＳ系統上，是不能共用的）。
7. 檢視分析時有無圓餅圖顯示。
8. 是否能計算收支平衡。

以我來說，手機使用的是ＩＯＳ系統，參考上述重點，加上自己喜歡簡單的介面設計，因此選擇使用「Ahorro」這個軟體。它的缺點是無法在不同手機系統上同步資料，不過我短期內沒有更換手機的打算，所以算是符合我的需求。如果有讀者想要使用，要注意這一點。此外，Ahorro可以使用中文詢問客服人員問題，對我來說非常方便。

圖2-5 圖解「Ahorro」使用步驟

Step1. 打入關鍵字找尋軟體

Step2. 查看設定功能中，是否符合可新增項目

Step3. 有區分收入/支出欄位

Step4. 有無圓餅圖分析與收支平衡選項

以上功能建議都要具備，才能讓現金流狀況一目瞭然。

第6招 記帳並整理發票收據，按薪資週期回顧花費

Q 每次記帳前都得先整理亂糟糟的發票收據，有沒有更簡單、更便利的方式呢？

A 善用智慧型手機，一產生花費就隨手記錄，並利用長尾夾整理發票收據，就能有效節省時間。

記帳習慣因人而異，沒有一定要怎麼做才正確，只要符合自己需求即可。比方說，記性好的人可以選擇在睡前，將一整天的收支整理到軟體中，若是沒有發票或單

據的費用，就要靠回想了。由於我不擅長回想，加上工作上有許多事情要記，在試了幾次睡前記錄的方法後，發現效果不好便檢討調整。

只要一發生消費行為，無論是搭乘交通工具，還是吃飯、購物等，我會花三十秒的時間將支出記錄到手機軟體中。當然，有進帳收入時也是一樣順手記錄下來，包含發票中獎也算是收入（可列在其他收入中）。如此一來，我再也不需要傷腦筋去記今天的花費，只要晚上睡前看一下總金額與前幾天有沒有太大差異，並且確認目前的預算還剩下多少即可。

關於發票的整理，建議可以用長尾夾作分類，你可以加點小巧思，在十個長尾夾上分別標註零至九的數字，以發票的最後一個數字分別做整理，在對獎時便能節省時間。

至於尚未實際支付的信用卡簽單收據或帳單，我會另外用一個長尾夾分類，並在手機行事曆上記錄繳費期限，設定鬧鐘提醒。在此推薦給想做好財務規劃的朋友，善用手機行事曆與記帳軟體，將會事半功倍！

此外，有些人喜歡寫傳統行事曆或是紙本手帳，就很適合使用家計簿。市面上的家計簿，不但花樣多、功能齊全，而且有些還結合行事曆功能，或是能自行畫收支曲線圖，讓你記帳時更有感覺。網路上也有許多人分享自己的記帳方式，可以多參考，就能找到最符合自己需求的方式。

記帳與單據整理這項基本作業，要努力持續一個月，才能真正瞭解自己的開銷。基本上在台灣，大多數的人是領月薪，因此計算的週期是一個月，假如你領的是週薪，便可用週來計算。

這將影響到後續把資料整理至「財務收入支出表」時，需要多久計算一次。假如是按月計算，建議以月為單位來看收入與支出；如果以週計算，則收支都需要以週來看，才不容易混淆。

圖2-6 運用手機APP隨時記帳做好收支管理

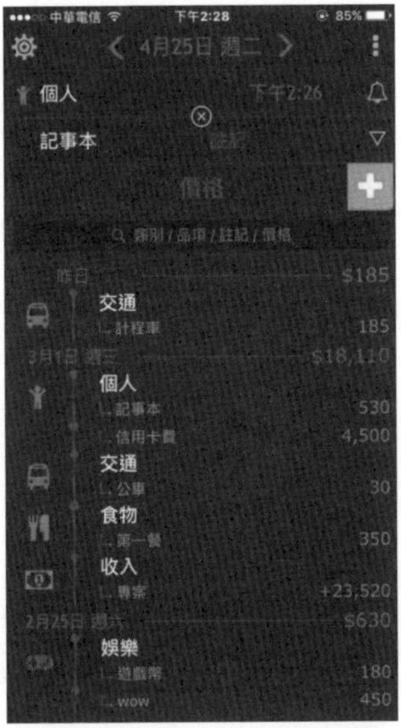

每個記帳軟體都附有使用教學，記得先看完。運用預先建立的項目即時記錄，並添加說明，就可以知道自己的金錢支出狀況。

每個記帳軟體應該都有月統計表，有些是用圓餅圖顯示，有些是用柱狀圖。另外，若是設定了顯示月份支出預算比例表的功能，就能清楚知道自己是否花費超標。

第7招 檢視固定與臨時支出，絕不能忽略幾個重點

Q 我即使每天都認真記帳，還是無法有效管理收支狀況，是少做什麼手續嗎？

A 記帳只是財富管理的第一步，想要有效管理收支狀況，你還得定期回顧檢視收支報表。

在累計完一個月的流水帳後，請將項目分別填入收支表中，你可能會發現餘額是負數，也就是所謂的赤字，這表示花費超過賺的錢了。那麼，要好好檢視金錢流向出

了什麼狀況，是一次性還是長期性的問題。

首先，重新逐項檢視固定支出，通常固定支出包含以下這幾項：

1. 房子租金與稅金。
2. 伙食費與菜錢。
3. 交通費與油錢。
4. 網路及電話費用。
5. 水電瓦斯費用。
6. 勞健保（公司代扣的人也需要記錄，SOHO族更別忘了記）。
7. 居家保養清潔用品（每月家中基本開銷不會差異過大）。
8. 所得稅費用（除非有大幅薪資調動，不然不會有太大變動）。
9. 小孩教育費（有小孩的人需增列記錄項目）。
10. 停車費（有車族需增列記錄項目）。
11. 車子保養維修費（有車族需增列記錄項目）。

12. 貸款費（房子或車子都需增列記錄項目）。
13. 儲蓄費用。
14. 投資費用（有固定扣繳的金額一定要增列記錄項目）。
15. 其他固定費用（分期卡費也算）。

以上是大家一般會列出的固定支出。其中，**建議將貸款獨立出來標註到期時間，提醒自己這個項目只要付完就好，不需要扛一輩子**。

計算每項開支，如果這些項目加起來超過自己（單身者）或是雙薪（家庭共同）的收入，就要重新思考要刪減哪些項目，或是改用比較省錢的物品、服務取代。

其中，唯一不建議刪的就是儲蓄費用。**你可以調降儲蓄的支出比例，但不建議刪除**，因為刪除儲蓄預算，無疑是殺雞取卵。假如在儲蓄後尚有可運用的餘額，表示到目前為止的支出都在掌控之內，可以趁機重新檢視有沒有需要調整的項目。

若是缺乏數字證據的輔助，人們往往不會注意到自己已經支出多少費用，假如刪減完還是沒辦法達到收支平衡，表示要馬上開拓財源、增加收入了。

在檢視完固定支出後，接下來檢視臨時支出。通常人們能將固定支出掌握得宜，卻在臨時支出這方面失控。以下是常見的臨時支出項目：

1. 信用卡費（指的是娛樂性與一次性的消費）。
2. 娛樂費用（臨時、非規劃性的休閒娛樂費用均算在內）。
3. 社交費用。
4. 維修費用。
5. 家用品更換或添置費用。
6. 其他臨時支出。

建議無論是單身或是有家庭的人，都要準備三至六個月的緊急預備金（用固定支出加上一至二萬元做為基準），才能讓自己或是家庭的生活更加穩定。為了準備這筆備用金，有段時間可能得勒緊褲帶過日子，但一旦備妥這筆費用，就可以避免未來發生無法應付的臨時狀況。

另外，對於習慣衝動消費，又尚未開拓更多收入的人來說，想要改變自己的花錢習慣，必須努力面對與適應陣痛期的不適。我也是個衝動消費的人，在認真檢視收支狀況，發現入不敷出後，才明白自己真的過得太放縱了。

規律記帳與檢視財務狀況，是為了讓生活更穩定、更順心。我想應該沒有人想要過著今天吃大餐、明天卻餓肚子的日子，因此控管收支比例是你一定要學會的一門功課！

專欄

6個帳戶理論，教你用錢兼顧現實與理想

曾聽過理財講座或是看過理財書的人，想必對「六個帳戶」理論並不陌生。這個理論是由哈福·艾克在他的著作中提出，將金錢分成娛樂、教育、財務自由、長期儲蓄、捐贈、生活花費六個帳戶。各帳戶的比例與意義如圖2-6所示。

我也是使用哈福·艾克提倡的六個帳戶理論，來分配收入，如此一來便有一個瞭解基準，也能運用到預算的規劃上。

另外，假如你有負債，需要額外再增列一條負債帳戶，這個帳戶的比例不能超過總帳戶的三〇％，也就是說，要將其他六個帳戶各撥出五％到負債帳戶中。

舉例來說，如果月薪是五萬元，三〇％就是一萬五千元，所以房貸、車貸或是信用卡債等加起來的月付金，不可超過一萬五千元。你可能會說，繳房貸很難不超過這個金額。若是雙薪家庭，要合併另一半的財務報表做檢視，而且兩個人的收入加在一

起，肯定會比一個人來得多。你還可以用這三〇%去回推，可以買總價多少以內的房子或車子，再去尋找適合的物件，就不會造成入不敷出的狀況。

圖2-6 六個帳戶理論

做為投資與儲蓄使用的帳戶，裡頭的錢平時不會動用，所以圖示中罐子是滿的。罐子裡的錢是依照帳戶目的而變化，和預算分配比例無關。因此，生活花費的帳戶，裡頭的錢才會是空的。

1. **財務自由帳戶（10%）**：做為金雞母的帳戶，帳戶裡的錢只能用在增加業外收入，例如定存、投資等，並將本金與一定比例的獲利都存回這個帳戶。

2. **長期儲蓄帳戶（10%）**：預存退休金、購屋金、出國旅遊金或緊急預備金的帳戶。設定目標金額，存到就換下一個，或同時並列好幾個。

3. **教育訓練帳戶（10%）**：最棒的投資就是提升自己的能力，這個帳戶的錢是用來支付提升自己能力的學費。

4. **休閒娛樂帳戶（10%）**：將每個月的娛樂費用固定增列管理，能幫助你在存其他帳戶時更加輕鬆。

5. **貢獻捐款帳戶（5%～10%）**：在捐獻的同時，不但能正面理解金錢的意義，還能督促自己更有動力賺錢。許多有錢人會為了幫助更多人而賺錢。試著找一個公益團體捐獻，你我都能成為幫助他人的一份子！

6. **生活花費帳戶（50%～55%）**：是日常開支的帳戶。試著將生活支出降低到收入的一半以下，讓生活簡單化，提高質感，會活得更輕鬆。

第8招 要享樂更要投資自己，處理預算開支有原則

Q 打扮得美美的也算是投資自己，這筆費用該列在娛樂還是教育訓練項目呢？

A 投資自己的費用該怎麼列，要以目的來區分。只要定期檢視收支狀況，便能自然養成在消費前評估自己需不需要的習慣。

在做收支表與六個帳戶分配時，有時會因定義不清而造成混淆，不知道費用應該列在哪個項目，比方說以下兩個項目：

1. 娛樂花費項目

顧名思義，是指平常的休閒娛樂支出，但怎樣才算是休閒娛樂呢？建議你用目的來區分。比方說，在平日的伙食費（含飲品）方面，我平均一天花大約兩百元左右，但在假日時，偶爾想犒賞自己吃頓好的，這筆費用就可算是娛樂消費，因為這是為了讓自己開心而產生的消費，因此不算在固定開支內。

女性通常習慣定期購買衣物、鞋包、飾品、保養化妝品等，因此**可以在固定開支項目中，先規劃每季的購物金，再平攤分配至每個月中**。比方說，我每季的服飾鞋包類購物金預算是四千五百元，每個月提撥一千五百元，放在固定的生活花費帳戶中，一旦超過就要列成娛樂消費，因為已經超出固定的範圍。在此有個前提，就是這筆費用與其他費用加總，需要控制在生活花費之內（佔收入的五五%），才不會影響到其他開銷。

此外，建議可將這些費用先儲蓄下來，等到週年慶折扣時再一次購買，便能拿到不少贈品或試用品，也是另一種省錢的方法。

2. 教育訓練項目

一般人的財務規劃中，教育訓練項目的狀況很兩極，要嘛有規劃，要嘛沒有。然而，人們終其一生想要提升自己，創造更多選擇，進修是能快速累積實力的方法。但是，進修學費通常所費不貲，即便你還不明白要加強什麼能力，先為自己準備好準沒錯。

用六個帳戶的概念來看，教育訓練費用大約佔收入的一〇%，以月薪三萬元來說，一個月提撥三千元，一年便有三萬六千元可運用。假如你今年沒有特別的學習計畫，也不要將這筆費用轉移到其他帳戶，只要繼續累積，無論未來想要進修語言或是其他技能，有一筆充裕的資金作後盾，便能挑選適合自己的方式學習。比方說，想要學英文，若是手邊已準備一筆教育基金，那麼除了一般補習班之外，還可以選擇能符合私人需求的英語家教。

第9招 經營人脈是投資，不做濫好人得評估效益

Q 應酬、經營人際關係的社交花費，究竟該算在一般費用，還是投資項目呢？

A 前面提到娛樂、教育費，要從目的來區分。而經營人脈的費用，則是要從結果來區分。

所謂「經營人脈」的費用其實不好控制，若以公司行號來比喻，指的就是公關費。以普通坐辦公桌前的上班族來說，這項花費可能不會太多，但是就外勤業務或是

接案人員而言，建議要另外增列項目，才方便定期進行控管。

正常範圍內，建議提撥總收入的一〇％做為社交費即可。人脈經營的確屬於投資，雖然效果會累加，卻需要花時間評估投資績效。需要大量經營人脈關係的人，可將這筆花費記錄當作評估指標，當你投入費用時，它是否有陸續為你增加一些曝光效應？是否有將成本投注在對的平台上？

既然**人脈關係等同於投資標的，便同樣需要檢視績效**。許多人在人際關係經營上常會產生一種迷思，認為認識的人越多，表示人脈越好。但是，當你真的需要幫忙時，這些人脈確實能為你解決燃眉之急嗎？需要調度金錢時，他們確實會提供協助嗎？需要找尋不同人脈時，這些人有轉介紹的能力嗎？還是只是一起出去吃喝的朋友呢？這是一個很好的檢視點，如果只是單純開心聚餐，那就要算在娛樂消費的項目。

設定經營人脈的帳戶，就是要經營人際關係，要將一般婚喪喜慶與親戚間的往來費用都包含在內。至於其他人脈所產生的效應，要定期去評估投資是否得當，不然單純是個濫好人罷了，這是一定要留意的。

第10招 信用卡在手花錢易失控，依用途最多3張就好

Q 信用卡好方便喔，不用帶現金就能付帳，這樣就不用怕錢帶不夠了！

A 使用信用卡消費確實很便利，不過若是沒有正確使用觀念，便容易淪為卡奴，千萬要注意！

在這個塑膠貨幣盛行的年代，你一定聽說過卡債、循環利息等名詞，或許你身邊就有一個看似光鮮亮麗、實際上口袋空空的月光族。在此，我必須嚴肅的告訴你，如

果你無法控管好自己的消費狀況，那麼不如不要使用，因為信用卡是個會自動疊加利息的大坑。

所謂信用卡，顧名思義就是用你的信用去預先支付未來的現金。因此，若妥善運用，信用卡是一個很方便的工具，不過若是不知道該如何使用，信用卡會成為麻煩，甚至是惡夢！

在使用信用卡之前，要有一個基本認知：千萬不要拿來支付娛樂性或是衝動性的消費。假如你無法控制自己，建議你不要辦信用卡。

雖然信用卡確實可以培養與銀行往來的信用關係，但是它不是必要的貨幣工具。當銀行要評估一個人的信用狀況時，除了穩定的薪資收入外，再來就是看這個人跟銀行的往來記錄，其中最快速的方式就是信用卡使用記錄。當你刷卡消費，也就是發生預先支付行為，並於到期日準時付款，就會在銀行累積信用記錄，未來不論是要申辦房貸、車貸或是資金周轉時，都能有比較漂亮的利率。相對的，要是沒有控管好，就會在銀行留下不良記錄，造成反效果。

對信用卡有了基本認知後，建議在上述原則下分成兩到三張來使用。比方說，一張拿來扣除家庭或是生活固定開支，像是保險費使用信用卡一次繳付，可享有零利率分期或是保費較便宜等優惠，便可以降低支出。或是依照每個月的帳單，支付預先規劃的費用。

這張做為固定開支用的信用卡，額度只要能支付基本消費即可，不需要非常高，例如：一般固定需要用信用卡支付的開銷大約是一萬，信用卡額度最多到二萬五千即可。也可以用年繳保費的金額再加一至二萬，來做為這張信用卡的額度。

再來，第二張信用卡可以申辦較高的額度。第二張卡片的用途是緊急預備用，建議平時不帶在身上，出國時再攜帶，當發生緊急狀況急需用錢，手邊又沒有現金時才使用。這張卡片可依個人需求設定額度，或是跟第一張合併。

最後一張是平時消費用的信用卡，這張卡片是為了支付消費性帳務，但不是出門沒事都刷這張卡。如果每個月可使用的娛樂消費預算是五千元，就要將這張卡片設定為刷超過五千元額度時，會寄簡訊告知。或是直接使用ＶＩＳＡ金融卡（也可稱為帳戶型信用卡），每月存進固定金額，超過帳戶金額上限就不能再刷。

ＶＩＳＡ金融卡和一般信用卡的差異在於，一般信用卡是用個人的信用狀況計算額度上限，可以培養和銀行往來的信用狀況，如果沒有定期繳交卡費，就會產生信用不良的紀錄；而VISA金融卡則是只能刷該帳戶內的金額，好處是不需攜帶現金即可消費，不用擔心刷過頭導致月底超支。但在網路上或是到國外消費，要留意這類卡有時會無法使用。

人們發明信用卡這類塑膠貨幣的原意，只是不想帶太多現金在身上。因此，使用信用卡時，一定要做好完善的財務規劃，不然很容易在不知不覺間多花錢。

圖2-7 信用卡的類別與使用目的區分

想要妥善運用信用卡，建議可依照下列目的區分使用

第11招 咖啡、零嘴等常常忽略的小支出，更要嚴加看管

Q 已開始記帳檢視一段時間了，荷包卻還是空空如也，是我忽略什麼重點嗎？

A 除了靠記帳讓自己產生消費意識外，事先設定預算並且分別存放金錢，也能有效控制支出超額的狀態。

台灣人普遍愛吃，美食更是隨處可得，很容易一整天吃吃喝喝，一不小心荷包就空空了。

因此，有必要先為伙食費設定預算。比方說，每月的伙食費預算為九千元，平均每天可分配的額度是二百九十元至三百元（三十天與三十一天的差異）。一天若是吃三餐，每一餐額度大約在一百元左右，在此要特別注意，飲料、零食以及偶爾辦公室團購，這筆費用是不是有一起加總算進去。

以我個人來說，貪吃的程度可算得上是網路上人稱的吃貨，我的工作相當消耗腦力，所以一直靠吃來補充能量，加上需要咖啡因提神，一不留意一天的花費就會超過三百元。

以前我總是認為自己很少吃大餐，伙食費應該很省，開始記帳後才發現錢都花在咖啡、零食或是團購。有時工作很累，晚上想要好好吃頓飯，結果一餐就是兩百元起跳，預算整個超支。

為了避免這種情況發生，**建議在皮夾中將今日份的伙食費分開放，用完就沒了，才比較好控管每天的飲食花費**。如果是自己煮飯帶便當，可以先計算好一週的菜錢，從伙食費中預先提撥，在採買前先列好要買的品項，才不會一進市場就失心瘋亂買。

圖2-8 增列容易忽略的預算項目

生活花費中要增列伙食費項目，包含飲料、餐點、零食都算在其中，並用預算方式控管。

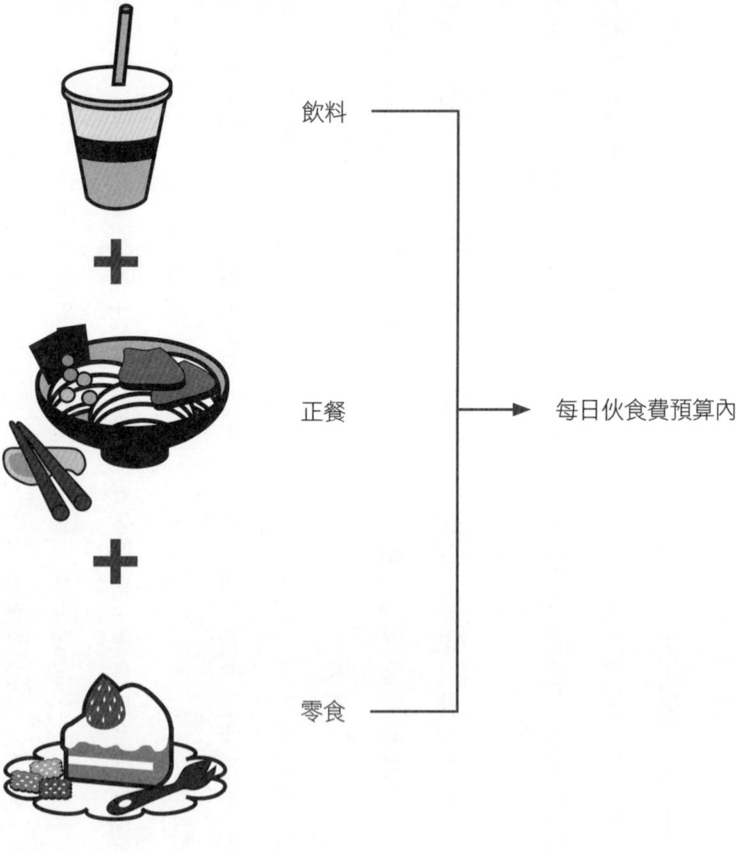

第12招 先扣掉存錢的金額，用經營公司的概念來儲蓄

Q 要怎麼做才能讓消費習慣漸漸吻合預算規劃，並且順利執行呢？

A 你可以將自己當成一家店鋪，用經營生意的概念來思考，就能從客觀檢視自己的財務狀況。

許多人習慣在領到薪資時，先扣除固定支出並繳付帳單，支付帳單後，不足的部份就想辦法補足，或是延後付款，若有剩餘多的錢才會拿去存起來。不過，這樣的方式會讓人不容易存到錢，並且變成惡性循環。

在暢銷書《有錢人跟你想的不一樣》中，作者相當提倡儲蓄的重要性，不過讓我深有感觸的，是所謂的「個人經營模式」。

我們都知道，經營生意的基本原則是低買高賣。首先，規劃一筆進貨成本，比方說進貨成本為一萬元，用低於市價的批發價一百元買進貨品一百份，然後用市價兩百元賣出，那麼只需賣五十份就能回本並產生獲利。

上述例子的重點在於，在一般買賣上，我們很清楚想要賺錢，一定要事先規劃成本、預算，找到可以銷售的商品，並計算出能獲利的定價，才不會虧本。

那麼，同樣的道理用在自己身上呢？**將自己當做一家公司經營，每個月的收入是獲利，每月的開銷支出便是成本**。你看過一家成功的公司，不做年度預算規劃嗎？或是將所有的現金都拿去付應付帳款？能成功存活在商業社會的公司，一定都有預算概念。

換句話說，儲蓄就好比進貨的本金，沒有這筆本金，要怎麼創造收入？在此先不論投資標的好壞、是否會賺錢，因為這跟有沒有先做投資研究有關。如果我們連本金都沒存，要怎麼購買已看上的投資標的，為自己創造更多財源呢？

因此，將自己當成一家公司經營，是個很棒的挑戰。只要有本錢，選擇和機會便會多出許多，為了讓自己成為這樣的人，就要學會規劃預算。

如果你本來消費慾望就不高，又有儲蓄習慣，那真的非常棒，請繼續保持下去！如果沒有儲蓄習慣，每到月底便沒錢或是透支，就要趕緊檢視自己哪邊花多了，為自己調整出適當的每月預算。

從一百元開始存，或是準備一個不好自由拿取的撲滿，將每天的零錢存進去。先培養習慣，再慢慢提升儲蓄金額，最好每個月存到月收入的一〇%以上。

此外，薪資由公司直接匯入帳戶的人，建議申辦自動轉帳，或使用銀行的零存整付功能，將錢在發薪的當天或隔天自動轉存到儲蓄帳戶，當成是一筆費用支出，便可以在不知不覺中存下一筆積蓄！

圖2-9 將自己當成一家公司經營

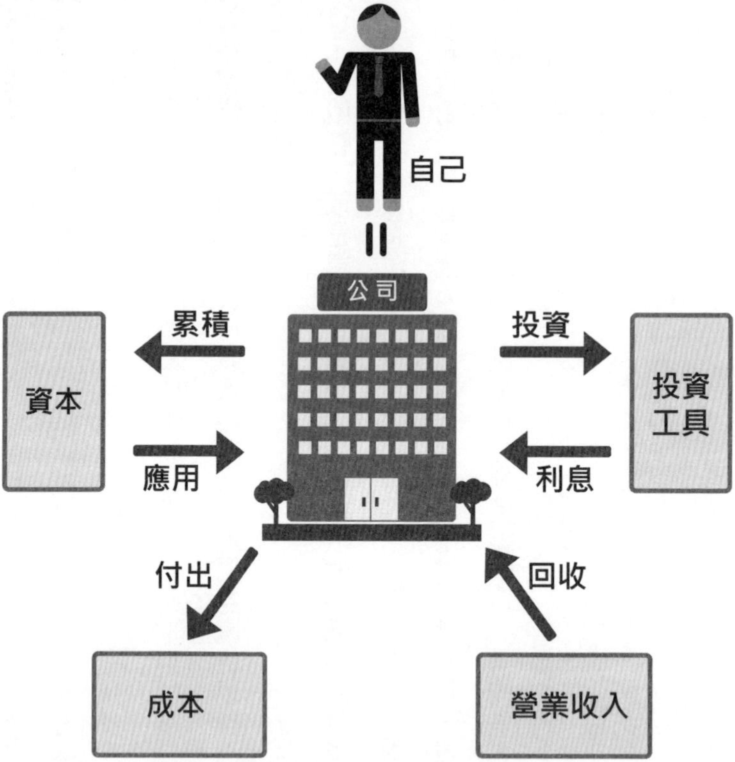

第13招 至少開設3個帳戶，活用網路銀行好便利

Q 真的要開設六個帳戶才能順利理財嗎？會不會太多了？

A 六個帳戶只是一個理財概念，實際上帳戶數目只要符合自己的需求和習慣即可，建議開設三個帳戶來進行分類規劃。

在明白儲蓄的重要性後，接下來要學習怎麼選擇銀行及開設帳戶。銀行是存放金錢的地方，以目前銀行利率普遍不高的情況來說，挑選銀行時，首先要注意的重點是

符合個人需求。

通常，公司行號都有固定配合的薪轉銀行，因此在利率與信用交易方面，薪轉銀行都有加分效果。不過，不建議將薪轉銀行做為一般開銷用的帳戶，而是當成儲蓄或是緊急預備金的帳戶較佳。

一個人究竟需要幾個帳戶才夠用？一般來說，**建議先用三個帳戶做為基準，然後依照個人習慣增減**。前文提到的「六個帳戶」概念，只適用於財務收入支出表等帳務上的規劃，並非一定要實際開設六個帳戶。

我曾經實際開過六個帳戶，後來發現並不實用，而且轉帳會產生手續費，最後發現濃縮成三個帳戶就夠用了。此外，像是玉山銀行有提供子帳戶功能，如果真的想使用六個帳戶做規劃，推薦可以開立玉山銀行的虛擬帳戶。

這三個帳戶中，**第一個是「儲蓄帳戶」**，無論是長期儲蓄、緊急備用金或未來要轉進投資市場的本金，均存放在這個帳戶中。這個帳戶可以開設在活存或定存利率較高的銀行，也可以和股市投資配合的帳戶做結合。有一點要特別注意，假如有從事融資融券的需求，帳戶就要獨立開啟，才不會影響另外兩個。

第二個是「生活花費帳戶」，建議這個帳戶只用於固定開支，像是生活花費、教育帳戶、捐贈帳戶等，假如有需要固定還款的債務，也可用這個帳戶。如此一來，不但能有效確認當月開銷，若有剩餘的金額，還能繼續累積使用。

第三個是「娛樂帳戶」，一般人對於娛樂消費的規劃大致分成兩種類型，一種是控管得宜，另一種不是控管過頭就是沒在控管。前者，只要繼續保持下去即可，後者需要好好檢視調整。

設立娛樂帳戶是為了瞭解金錢流向。在努力賺錢的同時，適當享受好品質的服務、產品或體驗，可以激發及提升自我。這個帳戶裡的錢，無論是拿去購買喜歡的商品，或是體驗從未享受過的服務都不錯。若是有出國犒賞自己的打算，也可以預存在這個帳戶中。

這麼做有個好處，對於財務控管嚴格的人來說，不用擔心會消費過頭，能好好放鬆享受，賺錢目標也會更明確。對於原本沒有控管娛樂消費金額的人來說，花錢再也不會造成壓力，還能學習到財務規劃的優先順序，與延遲享樂的意義。

在明白自己需要開設幾個帳戶後，接下來是該怎麼選擇帳戶。第一個帳戶在前文已經提過，可選用薪轉銀行或投資配合銀行。第二個生活開銷用的帳戶，則是挑選方便使用的銀行，比方說，我的工作地點與住家附近，以全家便利商店佔多數，裡面的提款機是國泰世華銀行或是台新銀行，我會選其中一家開設第二個帳戶，如此一來，在便利商店提款支付帳單時，就不需多花手續費用。

第三個帳戶，挑選自己喜歡的銀行即可。比方說，上海銀行有可愛的吉祥物，中國信託銀行在慈善公益方面投注不少心力等。可以申請第三個帳戶的VISA金融卡使用，就不需要帶太多現金在身上，也不用擔心自己花費沒有限度。

在步調忙碌迅速的E世代，建議你學會使用網路銀行，財務規劃將變得更輕鬆。在一開始開戶時，就可以同步申請開通網銀服務，並同時開設約定轉帳與非約定轉帳的帳戶，讓以後在使用上便利許多。

此外，許多銀行的網站都有提供金融資訊服務，以永豐銀行的網路銀行為例（如圖2-11所示），在首頁上方，即可清楚看到投資理財的資訊分類，想要快速掌握資訊的人可以將想要瞭解的資訊，加進常用的功能中。

在資訊非常發達的世界，要得知理財資訊一點都不難，難在該如何選擇工具，以

圖2-10 開立三個銀行帳戶分類做好規劃

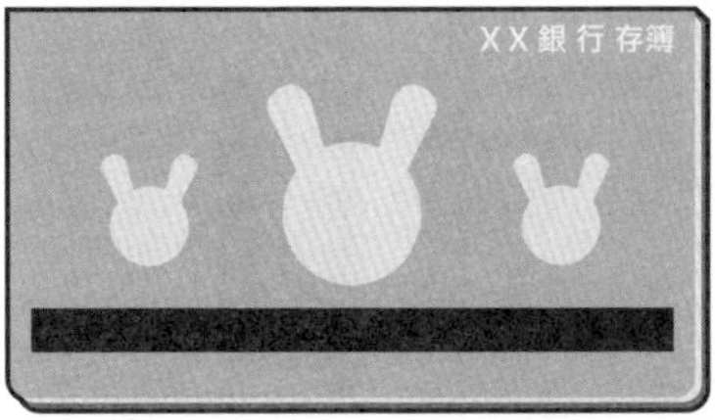

儲蓄帳戶（可用薪資帳戶）：緊急備用金、長期儲蓄、固定投資。

生活花費帳戶：生活花費、捐贈、教育、債務還款。

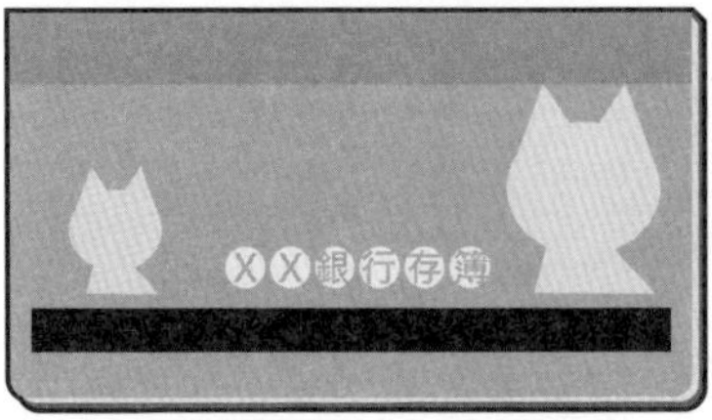

娛樂帳戶：娛樂花費。

及哪一種理財方式才適合自己，可以長久使用。因此，我的觀點都著重在「持續」這個主軸，**畢竟理財是一輩子的事，唯有讓自己順手，才能讓這個習慣長久下去。**

網路銀行是一種工具。一個用得順手的工具，比一個功能齊全卻難以使用的工具來得好。只要加購晶片讀卡機，便可以直接用網路ATM支付費用。所以在帳戶的使用上，建議將網路銀行的頁面設計簡易度列為挑選的參考項目，這在挑選第二個帳戶時會非常實用。

圖2-11 永豐銀行的網路銀行首頁

第14招 團購或大量採購，幫你金金計較累積到大錢

Q 每個月都要為生活必需品失血一次，難道想減少固定支出就只能縮衣節食嗎？

A 想省錢有撇步，即使是每個月都必須添購的用品，也能靠有計畫的團購來撿便宜。

和做生意一樣，購入商品數要量多，單價才會低，因此想節省生活固定支出，訣竅就是數量。

相信你對「團購」這個名詞一定不陌生。的確，團購是節省開銷的好方法，像是食品、生活用品、化妝品等，都可以透過團購省下一筆錢。但你不要失心瘋的看到團就跟，而是先將自己每個月、每季需要的數量抓出，再利用團購一次買足一季或是半年的份量。在固定支出這一塊，能多省一點就等於多賺一點。

此外，像是到Costco等大型量販店，一次購買生活必需品，費用也會比多次購買來得划算。即便是同樣的商品，在量販店買也會比小賣店便宜，只不過家中需要預留大一點的空間來存放。

在必要支出這方面，多精打細算可以為自己多省一點錢。在這個便利的時代，想省時、省力，最直接的代價就是金錢，即使看起來只差十元、二十元，一旦累積下來，便是一筆可觀的費用，不重視小錢怎麼可能累積到大錢呢！

第15招 製作「財務收入支出表」，延伸規劃超有效

Q 每次看到一堆數字就覺得頭暈腦脹，從前數學總是考不及格的我，也有辦法做好財務規劃嗎？

A 計算收支不需複雜的公式，要的只是耐心、毅力以及肯面對現實的勇氣，即使是數學考不好的人，也能輕鬆做好財務規劃！

很多人之所以抗拒理財，可能只是因為小時候對數學感到恐懼。然而，數字只是單純的顯示結果，例如：商品價值、服務價值、買賣交易的結果，或是個人帳戶的餘

額。

換句話說，做生意要理財是為了賺錢，那麼工作不也是嗎？你辛苦工作一個月，為得是什麼？付帳單、買喜歡的東西、提高身價、出國增廣見聞，還是可以早一點退休？以上答案都是。

即便你還不知道自己要什麼，但辛勤工作領了薪水，享受生活中的一切便利，就同時要付出相對的代價。因此當你拿到帳單，請懷抱感謝的心，開心自己有能力支付。換句話說，如果你拿到帳單卻發現沒能力支付，就要重新檢視自己的財務狀況。

製作財務收入支出表的唯一目的，是幫助你瞭解，辛苦賺進來的錢在支付各種帳單後，還剩下多少。就跟公司請會計部門計算是一樣的，每個人都需要用這張表，幫助自己瞭解錢的流向，不要讓每個月的辛苦變成了白工。

表2-2是財務收入支出簡表，不包含日帳（每日記錄的流水帳）。在製作收入支出表時，要準備兩樣東西，一樣是日帳，可將手機APP記錄的流水帳，匯出轉成EXCEL表單使用（如圖2-13），另一樣則是空白的收入支出表。

日帳（流水帳）的用意，在於統計收入與支出的細目數字，至於表格中的細項分

表2-2 財務收入支出表

收入支出表					
項目	細目	金額	項目	細目	金額
工作收入	本業	30000	生活支出	房租	10000
	兼差	5000		伙食	4000
				交通	1000
	小計	35000		電信	1000
理財收入	股票利息	1300		保險	2000
	保單利息	800		小計	18000
	小計	2100	理財型支出	儲蓄	3000
				股票	2000
				投資保單	1500
				小計	6500
			其他支出	父母補貼	5000
				娛樂消費	2000
				小計	7000
			合計	31500	
合計		37100	餘額（轉存儲蓄）		5600

類，則依照每個人的生活項目設定。當這些數字都清楚後，可以分別填入左邊的收入區與右邊的支出區，統計完就可以看出這個月的餘額是多少。

依照上述方式，每個月總結一次，持之以恆的經過三個月、半年，就可以看出自己能存多少錢，並且逐步調整每一細項，或是進行更詳細的財務規劃，比方說，製作資產負債表或是投資績效表。

資產負債表（如圖2-12）中，除了每月財務報表與日帳外，可以衍生出目標設定，例如：當年度的預算分配（可由過往的收入支出來預估）、期望成長目標、年度的收入支出成長等。

圖2-12 資產負債表（進階版）

		106年				
	項目			合計	月平均	支出比重
	實收合計			$1,029,882.00	$85,823.50	
	支出合計			$437,263.00	$36,438.58	
分類	細項	預算	預算執行比率			
長期儲蓄	員工認股(發薪前已預扣，不列入實收中計算)	$109,200.00	100.00%	$109,200.00	$9,100.00	
	保險	$66,367.26	112.10%	$74,400.00	$6,200.00	7.22%
生活支出	飲食	$163,120.74	34.91%	$56,941.00	$11,388.20	13.27%
	醫療	$9,121.04	90.47%	$8,252.00	$1,650.40	1.92%
	房租	$99,015.67	46.71%	$46,250.00	$9,250.00	10.78%
	交通	$50,184.89	37.43%	$18,786.00	$3,757.20	4.38%
	個人雜支	$150,351.29	37.39%	$56,217.00	$11,243.40	13.10%
	家庭雜支	$60,576.18	42.14%	$25,529.00	$5,105.80	5.95%
	孝養金	$131,912.96	55.75%	$73,544.00	$14,708.80	17.14%
	富邦	$88,578.89	46.71%	$41,375.00	$8,275.00	9.64%
娛樂	娛樂	$46,251.02	68.94%	$31,885.00	$6,377.00	7.43%
教育訓練	教育訓練	$28,393.41	13.33%	$3,784.00	$756.80	0.88%
貢獻付出	貢獻付出	$2,282.71	13.14%	$300.00	$60.00	0.07%
小計		$1,005,356.07				

專欄

實作教學！APP的流水帳匯整成EXCEL表單

流水帳的匯出可參照圖2-13格式，每個人使用的方式或是軟體版本不同，會有不一樣的呈現，你可以配合自己的習慣，調整EXCEL表單。

在使用EXCEL表單時，建議用不同的分頁做區分，例如：每天的流水帳稱為日帳，每月的財務收入支出表依照日期排序即可。

用EXCEL做日帳，不需要太複雜，只

圖2-13 手機APP流水帳滙出成EXCEL表單

	A	B	C	D	E	F
1	日期	項目	金額	分類	細項	備註
4499	4/1/2016	房租	9250	生活支出	房租	
4500	2016/4/1	孝養金	10000	生活支出	孝養金	
4501	2016/4/1	保險(郵局&台灣)	6200	生活支出	保險	
4502	2016/4/1	Spotify訂閱	151	生活支出	娛樂	
4503	2016/4/1	Die Welt訂閱	248	生活支出	教育訓練	
4504	2016/4/1	悠遊卡加值	1000	生活支出	交通	
4505	2016/4/1	battle net儲值	300	生活支出	娛樂	
4506	2016/4/1	Taxi	225	生活支出	交通	
4507	2016/4/1	中餐	120	生活支出	飲食	
4508	2016/4/1	咖啡	20	生活支出	飲食	
4509	2016/4/1	晚餐	145	生活支出	飲食	
4510	2016/4/2	早餐	225	生活支出	飲食	
4511	2016/4/2	中餐	360	生活支出	飲食	
4512	2016/4/2	uber	130	生活支出	交通	
4513	2016/4/5	本周餐費	1000	生活支出	飲食	
4514	2016/4/5	餐費	230	生活支出	飲食	
4515	2016/4/6	中餐	130	生活支出	飲食	
4516	2016/4/6	富邦	8275	生活支出	富邦	
4517	2016/4/6	咖啡	20	生活支出	飲食	
4518	2016/4/6	晚餐	310	生活支出	飲食	
4519	2016/4/7	咖啡	20	生活支出	飲食	
4520	2016/4/7	香蕉	60	生活支出	飲食	
4521	2016/4/7	麵包	160	生活支出	飲食	
4522	2016/4/7	晚餐	320	生活支出	飲食	

要每一筆帳都記錄下來即可。建議使用手機APP，直接匯出表單。

先前提到的六個帳戶，其概念是分成生活花費五五%、長期儲蓄一〇%、財務自由一〇%、教育訓練一〇%、娛樂一〇%、捐贈五%，可以依照自己的喜好更改名稱，或依生活重心調整部分用途。

如果一開始無法分得這麼細，可以先使用基礎版本。生活支出五〇%，包含生活必需、教育、娛樂與捐贈帳戶，並且濃縮比例到薪資的一半內可以搞定。緊急帳戶一〇%，做為風險控管使用，放置緊急預備金。財務自由三〇%，則是要將財務自由帳戶與退休計劃的長期儲蓄都挪入，可以拉高比例最好。

六個帳戶很適合單身與社會新鮮人使用。隨著專業與年資的增長，薪水會增加，不過生活支出還是要控管在五〇%以內，畢竟年紀漸長，責任會越來越重，因此風險控管與財務自由的比重都要逐漸提升，才比較妥當。

以圖2-14為例，左方欄位是收入的項目與金額，右方欄位是支出的項目與金額。

在流水帳的表中，可參考圖2-15先設定分類，到時只要用EXCEL的篩選功能，就可以讓同類項目全部一起顯示。想要瞭解更細的人，可以增設細節項目，比方說，生活

圖2-14 EXCEL上的六個帳戶分類

收入支出表(月)			
Income 收入		Expense 支出	
01 薪資	NT$55,365	7x 工會相關費用 (會費&傷亡互助金)	NT$393
02 職務加給	NT$7,925	86 所得稅(5%)	NT$3,375
31 全勤獎金	NT$2,110	87 勞保費	NT$878
41 持股信託獎勵金	NT$2,100	92 職工福利金	NT$303
		97 全民健保費	NT$1,880
		83&84 持股信託提存金	NT$9,100
實收薪資	NT$51,571		
		財務自由_現金	NT$0
		長期儲蓄&保險 (郵局-每月12號扣2732) (台灣人壽每年6月2筆共25672) (台灣人壽每年9月27日-遇假日後延1筆共15581)	NT$6,200
		教育訓練	NT$0
		性)	NT$0
		休閒娛樂	NT$0
		生活支出_餐飲費用	NT$8,000
		生活支出_交通費用	NT$2,000
		生活支出_個人雜支	NT$3,000
		生活支出_家庭雜支	NT$3,000
		生活支出_醫療	NT$500
		生活支出_父母孝養金	NT$10,000
		房租	NT$9,250

支出有很多種，可以在項目中區分清楚（例如：生活支出、餐費、交通、雜支等），未來要瞭解自己的某項支出是否超支時，就很方便計算。

每個月將流水帳的數字統計完畢，滙整到財務收入支出表後，就能看出當月金流走向，也就能依照六個帳戶的比例確認分配是否妥當，或是有沒有需要調整的部份。（如圖2-16所示）

圖2-15 EXCEL流水帳細項分類設定

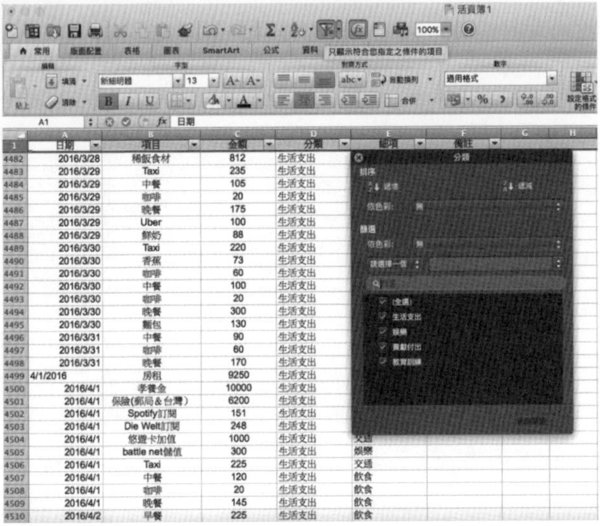

圖2-16 各帳戶支出試算表

各帳戶支出試算			
	預估	預估	實際
生活支出(台銀)	55%	NT$37,125	NT$67,500
財富自由(台銀)	10%	NT$6,750	NT$6,500
貢獻支出(台銀)	5%	NT$3,375	NT$2,500
休閒娛樂(台銀)	10%	NT$6,750	NT$5,000
長期儲蓄(郵局)	10%	NT$6,750	NT$5,000
教育支出(台銀)	10%	NT$6,750	NT$5,000

第16招 理財得重複做重要的事，才能成為金錢的主人

Q 學越多理財的規則，越覺得複雜，想要變成有錢人，是否有更簡單的方法？

A 別只想著要趕快變有錢，只要持續重複做簡單的事，每天都有一點點進步，才是真價值所在。

在聽完這一連串的基本觀念說明後，相信你一定越來越瞭解理財的規則。有時，我們因為害怕麻煩、犯錯、被笑，以及許多不知道的原因，而阻止自己成為金錢的主

人，讓外在的價值觀或情緒控制我們的人生，這樣不是很奇怪嗎？

理財這件事其實很單純，你付出多少關注，它就回饋多少回報，數字的結果一定有其產生的原因，因此不需要排斥。重複做好簡單的事，培養一個好習慣，就能穩固自己努力打拚得到的財產。

市面上有許多理財書籍，網路上有許多理財文章，其實都在說明同樣的觀點，就跟練功夫一樣，沒有先建構自己的體質，怎能活用學到的技能。每項專業技能的培養，其實不需要花太多時間，而理財觀念的建構與習慣的培養，多則半年，少則一至二個月，就能找到適合的方法。理財，真的一點都不難！

單純依照前面所說的基本方法去執行，便可以讓自己成為金錢的主人。理財的方法其實就在這個範圍內，趕快選出一種你喜歡的，為自己的人生做一個負責的決定。

Date　　／　　／

Part 3

五子登科該如何規劃？Step by Step 管理你的財務

第17招

從第一份薪水開始，設立投資學習金與緊急預備金

Q

人的一生想要滿足五子登科的成就，究竟要準備多少費用才夠呢？

A

無論男女，想要圓滿的具備金子、車子、妻子、孩子、房子，建議從第一份工作起就陸續籌備，才不會被龐大的費用壓力擊倒。

在前面的章節，我們已瞭解到每個人的生活基本開銷，並學會怎麼做財務預算分

配，接下來要探討人生各個重大階段的金錢支出。

不論你在心中怎麼設定自己的未來，我相信所有人都希望擁有好伴侶、和諧的家庭，以及安穩舒適的窩。要達成這些願望，心態上和經濟上都要準備好。現代版的五子登科，其實就是存款、結婚、生子、買房與買車（沒有一定的順序）。

你想要增加實力，除了與天生的才華有關之外，還要看你能創造及累積多少財富。同樣吃一頓飯，王永慶的選擇就比一般人多，正是因為他賺與存的錢比一般人多。

增加存款最好的方式就是賺錢，無論是受雇賺錢還是創業賺錢，累積金錢最直接的管道就是工作。**只要持續工作，就會持續產生收入，加上每月固定儲蓄及適當投資，就能累積一筆存款**。

只是，人一生中可能會遇到許多狀況，甚至會受到不可抗的外力影響。因此，為了讓自己賺取金錢、累積財富的管道更加保險，一開始就要懂得找工作、換工作及沒工作時的財務管理。

圖3-1 現代版五子登科

請自己填入理想值

金子（存款）

2000萬

妻子（結婚）

法式浪漫婚禮

孩子

兩個孩子，供應到大學畢業

房子

台北、單層40坪、有停車場、
管理員……

車子

進口車

第18招 換工作與沒工作時，該這樣管理財務

Q 辛苦工作一個月，終於領到第一份薪水，在規劃上有什麼特別要注意的地方嗎？

A 有工作才有收入，而且人生中有許多不可抗的外力因素，因此有水當思無水之苦，要預先做好沒工作時的財務準備。

剛出社會的新鮮人，可以依照自己的性格特性來找工作。比方說，個性活潑的人，可以多涉略不同產業，增加經驗的廣度，而且每份工作至少做一至兩年以上，累

積個人成績與人脈關係，才算是實質上有幫助的經歷，未來才有更好的薪資籌碼。

對於個性穩定、喜歡深耕的人，建議挑選大型企業增加深度，以成為專業型人士。在下班後進修、拓展社交，會對於晉升與加薪有長遠的幫助。通常社會新鮮人不容易談到理想的薪資價碼，因此可以從公司的發展性與升遷制度著眼，為未來鋪路，俗話說：「即使沒賺到實質金錢，也要賺到實質人脈或是經驗。」

從領到第一份薪水起就要養成理財習慣，打下良好的儲蓄與消費基礎。接著，要瞭解自己的投資屬性，針對個性與風險承擔度，去瞭解相關的投資工具，並且多聽、多看、多比較。然後為自己設定一筆進場投資的學習金，例如一萬元左右，因為投資重視實際經驗，沒有人是穩賺不賠的，加上通膨利率比定存利率還高，只是單純放定存，每一年的儲蓄績效實際上是貶值的。

如此一來，你預先設定好停損點，不用怕虧損蝕本，並且能找出最適合自己的投資方式，長遠來看是很划算的。另外，網路上也有許多投資屬性的測試，甚至銀行開戶時也會使用問卷，協助客戶瞭解投資風險屬性，並提供商品作參考。

最後，**在擁有穩定收入後，一定要預留生活緊急預備金，最少要預留三個月**。可將這筆費用存在能隨時解約的短期定存中，以免不小心動用，也可以在不動用時加減賺一些利息。

換工作時的金流

換工作總有一些原因。有機會能越跳越高，當然是件好事；有時則是覺得現在的工作不合適，才萌生轉職的念頭；也可能被挖角或策略性轉職等。

只不過在換工作前，要先考慮金流的銜接狀況，假如未來的薪資是同樣水平或是更高，在規劃當下的現金流時，基本上異動不會太大。可以先從未來工作區域、職務、業務範圍等，來評估是否會增加開銷，並預先試算收支表，將轉換工作後多餘的金額做適當分配。其餘只要注意轉換工作時，是否會出現空缺的時間，如果沒有，就不會衍生出健保與國民年金的費用。

如果有空窗期，就要計算天數，因為在台灣健保費用是不能停的，即使沒有工作收入，健保局還是會向你收取費用。雖然勞保可以中斷，但取而代之的是要繳納國民年金保費。以上的費用都需要事先預留。

最後是日常生活費，基本上建議在月底離職，月初上工，收入比較不會受到影響。假如有預先規劃緊急預備金，在轉換工作時會比較輕鬆，即使中間想要休息一下，也有足夠的備用金能支付固定開支的帳單。

然而有一點要注意，這筆緊急預備金是在你沒有收入時，暫時支付每個月固定要付的費用。**如果想趁轉職的空檔出國旅遊，可別動用緊急預備金的帳戶，而是要另存一個旅遊預算的帳戶**。家中的經濟支柱一定要準備好緊急預備金，畢竟關係到一家人的生計，不謹慎不行。

只要事先備妥預備金，基本上轉職並非難事，但是有一種狀況要特別注意，假如新工作比原本的薪資低或不穩定，比方說轉職做業務，改成領底薪加獎金，便要重新規劃財務計畫。除非有良好的事前準備，或是家中有人願意無條件支援，不然這種初期一至三年屬於學習成長期的工作類型，收入波動幅度較大，很容易入不敷出。

業務與一般上班族不同的地方在於，年收入的數字可能很漂亮，但一開始可能有一段時間連基本薪資都沒有，因此像是業務、接案族或是新創事業者等，一定要先詳細計算，是否有足夠的錢支付每月的生活開銷。

在轉職到依靠獎金或專案拆成的行業前，我鄭重建議你，除非備有一年的緊急預備生活金，不然不要輕易嘗試，因為很可能一年積欠的費用缺口，需要用未來三年穩定工作的收入才補得齊。

簡單的說，當收入不穩定時，住在家中還有人可以協助救急，但若是外宿他鄉，帳單付不出來時該怎麼辦？不是用信用卡先刷，就是跟他人借錢，後者也許能談好利息、未來分次償還，但前者很有可能會衍生出循環利息，讓金額越滾越大變成卡債，最後不得不找一份穩定收入的行業，或是多兼幾份差。這些都是轉職時需要三思的。

轉職是為了讓自己過得更好，千萬不要因思考不周而陷入財務困境。如果真的對業務性質工作有興趣，可以找有底薪制的業務、先兼差或是從助理開始做起，都是更保險的方式。

沒工作時的財務管理

有時可能會因為非自願性因素，面臨資遣或是公司倒閉的狀況，於是穩定的生活步調被打亂，現金收入頓時停止，不知道下一份工作在哪裡。前文所提的緊急生活預備金，正是為了這樣的情況而存在，一般建議最少要存三個月所需的費用，存到六個月會更好。

不得不面對上述狀況時，與其怨天尤人，不如趕緊進行下一步計畫，申請失業補助，或是臨時兼差。如此一來才能安心準備新的履歷表，或是找貴人為自己推薦等等，為未來展開積極的行動。

說實在的，有時公司倒閉後，員工不一定能拿得到薪水。雖然資遣時大多會給資遣費，但並非絕對保證。基於法律，勞工有要求的權利，但是否拿得到、哪時候才能拿到，沒有人知道。

在追討款項的同時，建議將大部份的精力放在尋找新工作，或是找份服務業的兼差加減賺錢，畢竟張開眼睛就是要花錢，而且沒事做比較容易消極。因此，假如真的不幸遇上了這樣的事情，就趕緊行動吧。別只待在家中等消息，多方嘗試不同職務的面試，也許會有不同的收穫。

此外，如果家中是雙薪，緊急預備金應由雙方共同提撥。假如用到這筆錢，在找到工作後記得要補回。

專欄

失業了還有收入？國家會提供補助津貼！

「就業保險」自民國九十二年開辦，主要目的是在勞工遇到非自願性失業時，給予失業給付，以安定生活，並協助再就業。在台灣，大部分的勞工同時具備勞保及就保資格，而例如一〇五年每月繳交的勞保費，是依投保薪資的九％來計算，其中有八％是勞保，一％是就保。因此，瞭解就業保險的給付內容，是你我都該知道的權益。

承保對象與適用資格：滿十五歲到六十五歲之間，符合以下兩項身份的受僱勞工，由其僱主或所屬機構為投保單位，參加就保為被保人。

1. 具中華民國國籍者。
2. 與中華民國境內設有戶籍的國民結婚，並獲准居留，依法在臺灣地區工作的外國人、大陸地區人民、香港或澳門居民。

有以下情形者，不得參加就保：

1. 依法應參加公教人員保險或軍人保險。
2. 已領取勞工保險老年給付，或公教保險養老給付者。
3. 受僱依法免辦登記，且無核定課稅，或依法免辦登記，且無統一發票購票證的僱主或機構者。

注意事項：參加職業工會的勞工朋友，因為不存在僱傭關係，所以不得由職業工會加入就業保險。但若是無一定僱主而加入職業工會的勞工，其於受僱期間符合就業保險適用對象的規定，則可由僱主申報參加就業保險。就業保險的給付補助共有五大項，符合以下狀況便可申領。

失業給付請領資格，必須同時具備以下條件：

1. 非自願性離職。
2. 至離職退保當日的前三年內，保險年資合計滿一年以上者。
3. 具有工作能力及繼續工作意願。
4. 向公立就業服務機構辦理求職登記，十四日內仍無法推介就業或安排職業訓練。

給付標準：從申請人向公立就業服務機構，辦理求職登記第十五天開始計算，每月給予失業給付。

給付計算：按申請人離職辦理就保退保，當月起的前六個月平均月投保薪資六〇%發給。以離職前六個月平均月投保薪資四萬三千九百元為例，每月給付金額為：四萬三千九百元×六〇%＝兩萬六千三百四十元。

加給給付：請領期間，有扶養眷屬者每一人可按每月給付金額，申請一〇%加給給付，最多兩名二〇%。其受扶養眷屬是指無工作收入的配偶、未成年或身心障礙子女。以離職前六個月平均月投保薪資四萬三千九百元為例，申請人有未成年子女一名，每月給付金額為：四萬三千九百元×（六〇%＋一〇%）＝三萬零七百三十元。

給付期限：最長發給六個月，其餘依特殊狀況延長給付期間，最長不超過十二個月。若中途再參加就保，而後又非自願離職者，應合併原已領取的失業給付月數，以及提早就業補助津貼，領取剩下的給付期間。自領滿之日起，兩年內再次請領失業給付，則給付期間以原給付期間的二分之一為限。

※資料出處為保險 e 聊站與勞保局。法規會隨時代需要修改，相關權利義務將以中華民國的法律規定社準。

第19招

買車子，得注意車價之外的衍生與隱性花費

Q 開車代步真方便，來去自由又能節省通勤時間，買車前要做的功課有哪些呢？

A 常聽人説養車就像養孩子，每年保險、油錢、保養修理費、停車費、過路費，還有罰款等，後續養車衍生費用才是要考慮的重點。

買車一直被視為是人生重點之一。在老一輩的人眼中，車子被視為高階成功人士的象徵，買的牌子越高檔，代表事業越成功。

在此，先來瞭解買車會產生的基本費用，第一個是購車款，隨著車子等級不同，會有不同的價碼與貸款成數。新車大多能有八成左右的成數，有些車子會打著零頭期款的方案，這時要注意利率是否有比較高，或是期數比較多，甚至有沒有議價空間等。

車商與銀行也要賺錢，再怎麼促銷，該賺的不會少，月付金看似不高，但實際上要繳的總金額可能多了不少。在這方面要注意的是，先試算每月月付金的額度與現金流，比方說每月要繳一萬元車貸，月收入只有三萬元，其餘的預算分配是否足夠？

另外一種選擇是買二手車，在挑選時要找到可信任的業者。相較於新車，二手車的整體費用約可降至七成以下，甚至只需五成就能買到不錯的車，不過二手車可貸款的成數不高，需要準備的資金以現金為主，才比較好議價。

再來是衍生費用，除了車體外，後續的檢驗費、保險費、領牌費、燃料稅等，也都是一筆筆開銷。在買新車時，車商會協助計算辦理這些費用，若是自行添購二手車，請別忘了要計算到預算中。

最後，則是隱性費用。購入新車總是讓人興奮，但在開回家後，第一個面臨的問題就是停車位，中南部或許停車較方便，不需要花費太多錢，但以台北市來說，計算上是寸土寸金，一般比較便宜的包月停車費用要價三千至四千元。第二個是油費，油價要看車子的ＣＣ數計算，通常加一次也是千元起跳。第三個是保養費，公里數到了就要進廠保養，加上定期更換耗材的零件費用，平均每月五千元跑不掉。這些都要在買車前就先規劃好。

其實從理財的角度來看，車子非常不保值。請仔細思考，你真的需要開車嗎？在資產負債表中，車子是資產也是負債，**如果這台車子產生的收入沒有大於支出，它就算是負債，因為它每個月都在花你的錢而沒有產值。**

比方說，你想節省時間，所以買車通勤代步，但其實找車位也要花時間，假如省下的時間無法創造進帳，這台車就歸類為負債。不過，對於計程車司機而言，車子是生財工具，就可以歸類為資產。到底屬於資產或負債，端看使用目的，以及能否創造正的現金流而定。

大多數人選在生小孩後買車，通常是為了外出安全考量，雖然仍是認列為負債，卻可歸類在家庭月支出中的必需品支出項目。安全與健康是位在頂端的優先條件，但

圖3-2 買車子可能會產生的費用項目

不代表有小孩就一定要買車，還是要視個人需求而定。

如果真的有購車需求，我會挑選有保障前提的二手車，並將車體做為評選標準。例如：希望停車方便，且平時不太需要載人，就可以挑選比較精巧的款式。

或是我會改搭計程車，通常搭乘計程車是為了節省時間與提高便利性，經常走的路線能在搭乘幾次後抓出預算，假如一個月二十至二十二個工作天，上下班都叫車，以台北市區內的距離，五千元內差不多就能搞定，比買車的支出便宜，甚至使用某些公司提供的包車服務，可以再省下一些費用，相對較為划算。

如果假日想要外出遊玩，台鐵、高鐵都很方便，而且租車公司的服務越來越好，還跟大型運輸工具配合，從一天一千五至五千元的級距都有不同對應的車款，甚至想租外國車也有特定的租車公司，實在沒必要太早買車。

要不要買車是個人選擇，只不過每個月多存一萬元，一年就可存十二萬元，五年就多存下六十萬元。假設這筆錢用在投資上穩健操作，以複利計算，五到八年就能翻一倍。若是這些錢用來付車貸而無產值，就等於丟進水中了。

第20招 有個浪漫婚禮，更要規劃婚後理財

Q 舉辦一場浪漫的婚禮，是我從小到大的夢想，不過結婚究竟要花費多少錢呢？

A 雖然婚禮有很多種形式，但沒有預先規劃就想步入禮堂，可是會被龐大的開銷嚇到一點都不浪漫囉。

結婚是人生大事，對許多人來說，婚禮可是千萬馬虎不得，畢竟一輩子只辦這麼一次。以下將分為兩個階段討論，第一是訂婚、結婚費用，第二是婚後的夫妻理財方

式（單薪制與雙薪制）。

訂婚、結婚費用

一個浪漫的婚禮，是大多數女人從小的夢想。願意和另一半承諾終生，步入禮堂，代表著兩顆真誠的心，不過婚禮也是走進家庭的第一個關卡，因為這是兩個人共同執行的第一個完整專案。

在台灣，從聘金、喜餅、婚紗、戒指、金飾、禮物等，到訂婚和結婚喜宴的籌備、婚顧的執行等等，每一項都是開銷。即便只要有兩位證人簽名就能登記結婚，但依照傳統，大多數人還是會邀請雙方親友參加喜宴，所以餐點和喜帖的數量完全取決於要邀請的人數。

根據坊間眾多新嫁娘的討論及實際案例，我以一百位賓客的規模來估算結婚需要的費用。表3-1列出了基本費用，如果要另外舉行訂婚儀式，又會是另外一筆支出。現在大多數人都選擇訂婚與結婚合併辦理，可以節省一些費用，而雙方的聘禮與嫁妝很多時候只是個形式，最終還是要看各自家庭的想法。

表3-1 結婚主要項目與預算金額

項目	預算金額
結婚戒指	80,000元
喜帖/請柬	5,000元
婚禮策劃與執行	25,000元
新娘婚紗	8,000元
造型髮妝與設計	5,000元
新郎禮服	5,000元
攝影與錄影	25,000元
宴會費用	100,000元
婚宴小物	5,000元
交通雜支	10,000元
總金額	268,000元

備註：以上概略數字計算，其價格會因爲個人喜好而有落差。蜜月旅行不在此計算範圍內。

另外，蜜月的費用落差很大，端看要去哪個國家而定。這些費用合計的金額不少，因此晚婚者越來越多，或是只登記不宴客的人數比例也陸續增加。

事先規劃好預算，並且彼此溝通好是很重要的。如果真的想要舉辦婚禮，建議要提早開始存這筆預算，這樣在與另一半攜手步入禮堂時，才能留下美好的回憶。

婚後的理財

在結束開心的蜜月期後，就要面對婚後理財的課題。我鄭重建議，當兩個人決定要長期走下去時，就要溝通彼此的價值觀，千萬不要拖到婚後。在交往期間，

表3-2 訂婚、結婚預算費用

項目	精簡版	精緻版	內容項目
訂婚	約10萬左右	約40萬以上	訂婚、聘金/嫁妝、傳統禮俗用品、喜餅、金飾
婚禮	約30萬左右	約150萬以上	婚紗/西裝、喜帖、婚戒、婚宴、新秘、婚攝、紅包禮
總計	約40萬（不包含只做結婚登記）	約190萬（更高規格，則無上限）	

備註：蜜月在這邊不特別列進，依照每對新人的喜好與預算而定。

要瞭解彼此的消費習慣，一旦發現價值觀有差異，必須好好討論出雙方都認同的平衡點。

結婚後，經濟是家庭的基礎，俗話說「貧窮夫妻百事哀」，當付帳單的壓力來臨卻沒錢付，愛情也很難飲水飽。因此，夫妻要共同為未來做好理財規劃，要一起進行財務管理，而不是將所有的責任丟給其中一方。婚後理財的形式，可區分為以下幾種。

1. 單薪收入合併理財

早期很常見夫妻中只有一位工作，另一位在家中主內。通常是有了小孩後，媽媽在家育兒，爸爸在外打拚。如果一個人工作的收入要應付整個家庭的開銷，通常金額必須在一定水平之上，不然可能大家都吃不飽。

因為是合併理財，在財務規劃方面較為簡單。先將家中的開支項目列出，然後確認收入與支出的數字計算，並精準控管即可。

要特別注意的是，成家後，保險的部份要重新調整。如果發生意外狀況，才不會

圖3-3 婚後理財類型分類

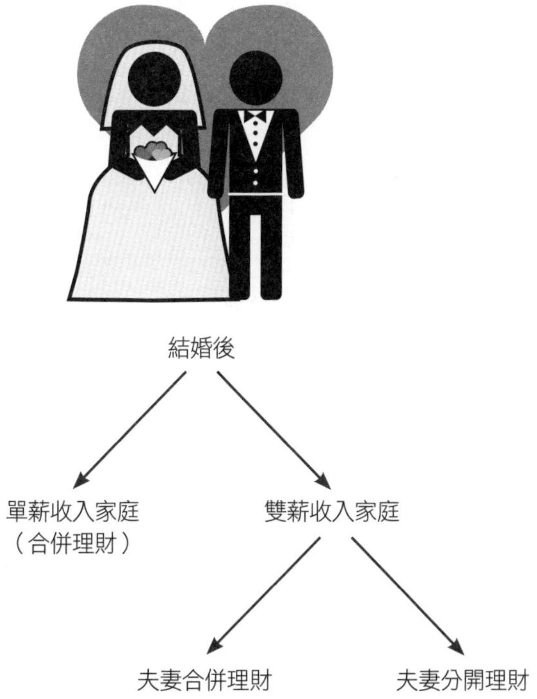

讓家人在傷心之餘，還要為了生活開銷傷腦筋。這番話雖然不中聽，但危機意識卻不可少。該怎麼調整，將在下一章介紹。

單薪家庭在預存緊急預備金時，最少要準備半年以上，這樣對於突發狀況的應變彈性相對較高。

2. 雙薪收入合併理財

這是現代人婚後常見的理財方式。雙方都有工作收入，而其中一位是主要的理財者，負責分配家中的開銷項目與財務金流。這等於是將兩人各自的財務報表，合併為一個共同報表，所以報表中增加兩人各自的零用金項目。要注意的是，兩個人的保險費用都會增加，像是意外險、醫療險、有附加壽險功能的保單，一定要妥善規劃。

雙薪也意味著有更多的收入能列入規劃，建議多存點錢，未來無論是買房或是生孩子，都可以有更多選擇。

3. 雙薪收入分開理財

這是現代雙薪族慢慢衍生出來的理財方式，通常在薪水差異大的家庭中較為常見。建議開立一個共同帳戶，雙方依照薪資收入比例，每月存進一筆公積金，支付家中所有的開銷。如此一來，會產生三份財務報表，兩份各自的，一份共同的，其中有一些重複的項目，例如伙食費，就要依照彼此的生活習慣討論，是要放在共同的財報，還是各自負擔。

基本上，財務報表沒有規定哪些項目要共同支出，哪些要各自支出，最好參考兩人的生活習慣，協調出公積金的給付範圍。只要有共識並分配好公積金的帳單給付、記帳等的工作權責，就沒有太大問題。

無論哪種理財方式都是好的，重點在於實際認真的理財。結婚的第一步是做好價值觀溝通，決定兩人的財務規劃方式，才有更多的空間、時間與本錢去磨合彼此。千萬不要因為錢而搞得兩個人不開心，那樣可就本末倒置了。

第21招 從懷孕到養兒育女，怎麼做不必勒緊褲帶？

Q 老一輩都說孩子生了就養得起了，真的是這樣嗎？

A 生兒育女影響到的不只是你與另一半現在的人生，還關係到孩子未來的人生，請務必做好規劃，才是負責任的作法。

生小孩是人生的重大決定，在此我獻上十二萬分的敬意給已經生孩子的朋友，你們真的很有肩膀啊！

在沒有準備好穩定的金流前，我還真的不敢去想生小孩這件事。雖然勒緊自己的褲帶，的確能有較多的錢來養育孩子，可是養得起也分很多層級，我希望可以用比較不辛苦的方式。因此，以下先來瞭解生小孩需要準備哪些費用。

懷孕到生產時期的費用

在此，先不計入生產期間的伙食費，但要有一定會增加的心理準備，而其他費用大約如下所示：

1. 健保定期產前檢查：一千五百元（十次，每次一百五十元掛號費）。
2. 無痛分娩費用：約六千五至一萬元（自由選擇）。
3. 健保產前與自費檢查項目（比較齊全者）預估：三萬元以內。
4. 住院費用：零至兩千元左右。自然產健保病房三天免費，或是剖腹產健保病房七天免費，僅需負擔醫療雜費，依各家醫院而有所不同。
5. 新生兒健保與自費檢查項目預估：一萬元左右。

6. 坐月子：分自己人做月子（最省錢）、到府坐月子或是住月子中心。目前到府坐月子的費用，大概約五萬元左右。月子中心或是產後護理之家，每天從三千五百至九千元不等，也有人選擇只住十至二十天左右，花費約六至十萬元左右。

7. 彌月禮：以單價兩百元左右，人數五十位，約一萬元。

以上所談費用，會隨著通貨膨脹、物價波動等因素增減。這些項目林林總總相加後，從產前到產後的基本費用就需要十幾萬元，這還不包含後續調養身體、幫新生兒添購商品的費用。建議小孩成長的預算要多估計一些，才是長久之計。

每個縣市都有自己的補助方案，而相關的公開資訊，可以向內政部或是各縣市社會局處查詢。

育兒費用

小孩生出來後，緊接而來的就是教養問題。在嬰兒時期（一至三歲），尿布、奶粉、托嬰、衣物等費用，少則三年要花二十萬，多則依消費品項的等級變化而定。雖然政府有補助育嬰假與育兒津貼，但其他基本開銷與醫療費用還是免不了要自付。

在幼兒時期（四至六歲），公、私立幼兒園的收費差異很大，尤其是家長期望孩子不要輸在起跑點，因此讓孩子去學才藝，以目前一般行情來說，大約三年需要花上二十萬左右。

上小學後（七至十二歲）是比較輕鬆的時期，學費、伙食費、醫療民生用品等大約一年十萬元，六年約六十萬左右。假如要補習或去安親班，可能每年再多六至八萬元不等。

在國中階段（十三至十五歲），算法大約跟小學差不多，均以公立做計算，約一年十五萬，三年共四十五萬上下，比較可能暴增的項目還是補習費。在高中階段（十六至十八歲），學費、生活雜支、補習費用加一加，三年大約也要五十萬左右。

在大學階段（十九至二十二歲），這段時間除了基本的學費外，由於孩子不一定會住在家中，因此可能有額外的費用。學費方面，公私立的差距頗大，四年大約需要準備八十至一百萬左右。

這樣算下來，生育一個小孩到大學為止，大約要準備三百三十六萬左右。當然，我估的數字比較偏向中間值，若是要省一點，也可以一兩百萬就搞定；若是想要花大錢栽培，耗資上千萬也大有人在。

這些費用當然不容易在短時間內存到，所以越早提前規劃越妥當，畢竟就理財概念來說，金錢的複利法則是需要時間累積的，趁早規劃這筆錢，可以讓未來的生活過得更輕鬆。

第22招 計算購屋財力，第一步要運用三三原則

Q 想買房但不知道需要準備多少頭期款？應該怎麼規劃比較好呢？

A 依房價不同，需要的頭期款也不同，可先用三三原則試算出自備款需要多少，再進行規劃。

人生中最大的一筆開銷可說是買房。畢竟房子一買就是二十至四十年的事情（以自住為前提），因此事前的規劃與計算很重要。

在評估自己是否有買房子的能力時，第一要點當然是評估實際財力。在坊間，最常使用「三三原則」：三成的自備款，每月房貸支出不超過家庭總收入的三分之一。

比方說，假設家庭的總收入為八萬元，每月可提撥的房貸支出金額為兩萬六千六百六十六元，依照銀行每月定額的本金利息型攤還，用三十年期、利息一・九九％來試算，大約可貸款的金額為七百萬元（可透過各大銀行或是房仲網站的試算系統計算），再加上三成的自備款，因此負擔得起的房價就落在一千萬元。

只不過，在目前的大台北地區，依照上述算式計算，可能需要跑到新北市外圍才找得到房子。因此，**在財務規劃完整的前提下，現在有許多家庭的每月房貸金額，已提高到家庭月收入的二分之一，但是再高於這個比例就真的萬萬不可了**。

在瞭解自己可支付的房價水位後，接著要確認頭期款。有許多父母會協助孩子準備頭期款，已婚人士由夫家與娘家共同出資也很常見，於是會有比較充裕的預算找適合的房子。如果沒有人能幫忙，建議要先存到一筆款項，再出手買房才比較保險。此外，在買房前，以下費用也都要算在自備款項中，千萬不要以為只有頭期款！

1. 頭期款：以名下沒有其他房產的情況為前提，預售屋、新成屋與中古屋的頭期款，都約為房價三成，付款規則各自不同。

2. 仲介費：如果透過房仲成交，仲介費約抓二至四％左右，依業者議價而定。

3. 裝潢費：老房子容易有管線、防水防漏、壁癌等基礎工程問題，依照情況大約抓二十至五十萬元預算。新成屋和預售屋，大約需要一坪一萬五千到三萬五千元左右的裝潢費。

4. 其他雜費：過戶時的稅金規費，像是契稅、印花稅、登記規費、履約保證服務費、過戶登記地政士代辦費等，一般預估約為五至八萬元左右。

買房的目的

買房前另一件要確認的事，就是自住用還是投資用。如果是自住，要考量的要點有：居家附近的功能性、安全性、上班通勤的交通位置、鄰居的個性、房子本身的狀態、學區狀況等等。若是基於投資考量，便要看位置、交通狀況，或是未來想要出租，便要瞭解周邊是否有租客市場等資訊。

以自住為前提，地點考量就偏向居住者的需求為主，在挑選時要將家庭生活習慣一併考慮。比方說，喜歡在傳統市場買菜，就找靠近市場的房子；考量到孩子未來的學區問題，以及若是需要長輩協助看顧，便要留意到學校路程的長短。

在自住的狀況下，比較不會去思考房子的增值性，因為一住可能就是幾十年，即使房子增值也不一定會更換。若是希望從小屋換到大屋，就需要考慮能否保值或是可增值，而增值的前提就是地點與便捷的交通。

將這些因素衡量清楚後，接下來要花時間多看。第一次買房一定沒有經驗，建議找有經驗的長輩協助。在坊間，也有許多討論買房重點的雜誌與書籍，多做功課準沒錯！

買房流程

在找到適合的房子後，接著要開始議價與成交後交屋。一般透過仲介的買屋流程是：下斡旋金↓議價↓成交簽約付款↓驗屋↓交屋↓遷移戶籍↓辦理自用住宅（如後續要裝潢，即可開始裝潢）。

這些過程都有仲介與代書協助，其中最花心力的步驟就是向銀行辦理貸款。在看上房子後，建議先將地址與要辦理房貸者的薪資狀況，拿到銀行做評估，銀行會跟你說這間房子的估價金額，以及依照貸款者的信用狀況，可以貸到多少成數，利率大約是多少%。建議多比較幾家銀行，有些銀行的放款成數較高，有些則是估價金額較高，要經由比較才知道。

接下來，要開始計算貸款。目前銀行房屋貸款大致可分兩種，一種是本金利息平均攤還型，另一種是本金平均攤還型。現在，內政部的不動產資訊平台，提供了試算表及各大銀行的房貸細節，讓大家可以依據不同需求去篩選計算。（參考圖3-4所示）

政府補貼的買房優惠（單身和首購族優惠補助、優點和不足處。）

如果經濟能力穩定，每月收入超過十萬以上，加上擁有兩百至三百萬的頭期款項，那麼基本上可以在大台北地區，找到約一千二百萬至一千四百萬的房子，並且有機會買下來。

在台灣，單身買房與夫妻買房還是有一定的差異。這十幾年來，台灣新生兒的出生率一直下降，政府為了鼓勵年輕人結婚生子，針對新婚夫妻有不同的優惠方案。

目前，首次購屋可以申請的方案有「青年安心成家方案」、「住宅補貼方案」、「青年安心成家購屋優惠貸款」這三種。這些資訊全都能在政府網站上查詢。

- ▼青年安心成家方案：內政部不動產資訊平台→青年安心成家方案。
- ▼住宅補貼：內政部不動產資訊平台→住宅補貼。
- ▼青年安心成家購屋優惠貸款：財政部網站→直接搜尋關鍵字青年安心成家貸款。

圖3-4 房貸計算查詢步驟

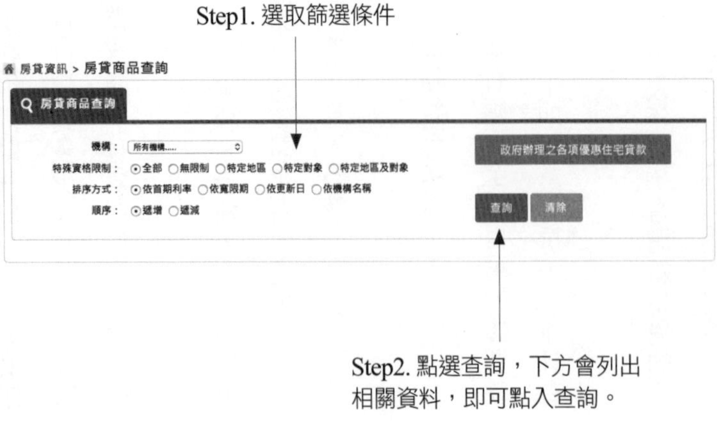

房貸資訊 > 房貸商品查詢

房貸商品查詢

機構： 所有機構.....

特殊資格限制： 全部 無限制 特定地區 特定對象 特定地區及對象

排序方式： 依首期利率 依寬限期 依更新日 依機構名稱

順序： 遞增 遞減

政府辦理之各項優惠住宅貸款

查詢 清除

查詢結果

匯出Excel

查詢結果可匯出Excel表格檢視。

銀行	專案名稱	利率結構	首期利率	特殊限制	寬限期	最後更新
三信商業銀行	三信商銀房屋擔保貸款-一般人士(利率按季調整)	浮動利率	2.44%	限制對象	0個月	2015/04/17
三信商業銀行	三信商銀房屋擔保貸款-質優人士(利率按季調整)	浮動利率	2.35%	限制對象	0個月	2015/04/17
上海商業儲蓄銀行	指數型房貸專案	浮動利率	2.50%	無限制	0個月	2016/01/15
元大商業銀行	一般理財型房貸	浮動利率	2.67%	限制對象	0個月	2015/07/08
玉山商業銀行	理財型房貸	浮動利率	2.66%	無限制	0個月	2010/12/20
三信商業銀行	三信商銀房屋擔保貸款-質優人士(利率按月調整)	浮動利率	2.35%	限制對象	0個月	2015/04/17
三信商業銀行	三信商銀房屋擔保貸款-一般人士(利率按月調整)	浮動利率	2.44%	限制對象	0個月	2015/04/17
渣打國際商業銀行	MortgageOne 靈活房貸 100% 抵利型	固定+浮動利率	2.81%	限制對象	0個月	2016/01/08
瑞興商業銀行股份有限公司	捷運幸福貸專案	浮動利率	2.30%	限制地區	0個月	2014/10/14
渣打國際商業銀行	MortgageOne 靈活房貸 50% 抵利型	固定+浮動利率	2.61%	限制對象	0個月	2016/01/08
華南商業銀行	理財循環貸-隨借隨還型	浮動利率	2.40%	限制地區及對象	0個月	2016/04/08
華南商業銀行	理財循環貸-理財動用型	浮動利率	2.56%	限制地區及對象	0個月	2015/10/21
中國信託商業銀行	理財型房貸	浮動利率	2.28%	無限制	0個月	2016/04/07
安泰商業銀行	二順位(低成數)房貸專案	浮動利率	2.50%	無限制	0個月	2016/04/13
安泰商業銀行	二順位(高成數)專案	浮動利率	3.50%	無限制	0個月	2016/04/13
國泰世華商業銀行	A+尊榮專案	浮動利率	1.83%	限制對象	12個月	2016/04/08
台中商業銀行	家倍幸福房貸壽險專案	浮動利率	2.06%	限制對象	12個月	2011/10/13
渣打國際商業銀行	一般指數型利率房貸	固定+浮動利率	2.35%	限制對象	12個月	2016/01/08
台中商業銀行	安心成家住宅專案貸款	浮動利率	1.88%	限制地區及對象	24個月	2011/10/13
台新國際商業銀行	購屋貸款	浮動利率	2.04%	限制對象	24個月	2016/01/21

第一頁 上一頁 第1頁/共4頁 下一頁 最末頁 到 1 頁

Step3. 點選有興趣的專案名稱，
便能進一步瞭解細節說明。

機構	台北富邦銀行
貸款專案	青年安心成家購屋優惠貸款-一段式指數利率
專案起迄日期	自西元2016/04/06起
貸款金額	最高 依本行有關規定辦理
貸款期間	30年
利率結構	浮動利率
各期利率	第一階段: 01 月 ~ 360 月 浮動利率: 1.8700 % 起
帳戶管理費	每件收取5,000元。
寬限期	最長 36月
清償限制方式	限制違約
清償限制期間	36月
特殊限制	限制對象 說明:借款人年齡在20歲以上，且借款人與其配偶及未成年子女均無自有住宅者。
房貸指標利率	利率:1.15% 最後更新日:2016/04/06
指標利率調整時間	每月5日，如為例假日，則以次一營業日為利率調整生效日。
連結網頁	https://www.fubon.com/bank/personal/policy_loan/001loan_policy14.htm
其他說明	1.洽詢專線：(02)8751-6665再按5。 2.詳細內容依本行最新規定為準，本行保留貸款額度、適用利率及核貸與否之權利。
最後更新日期	2016/04/06

Step4. 最後的專案說明頁面。

在以上方案中，除了「青年安心成家方案」的補助者不包含「原本單身者」（意指從來沒有結過婚、生過孩子的單身者），其餘的人皆可申請，只是對於單身者的條件有些限制。另外，對於家庭收入也有一定的規範，畢竟政府的補助是以資金不足者作為優先主要補助對象。因此，在決定買房前，建議先上政府網站查詢相關資訊。此外，各縣市有時會有不同的補助金額或是優惠條款，依照戶籍地點做功課，才能找出最優惠的方式。

針對政府的優惠貸款，可以將貸款條件多跟幾家銀行做比較。有時遇到房市不景氣，銀行的房貸會依市場現況做調整，也可能提供和首次購屋優惠差不多的方案。

買房子後的稅務

買房後要留意稅務問題，就跟買汽機車一樣，持有房屋者每一年都需繳納稅金。關於這些資訊，可參考房屋仲介網站，以瞭解細節與算式。

首先，房屋稅大概分為交易稅與持有稅。所謂交易稅，指的是買賣的契稅、印花稅與登記規費、房地合一稅、土地增值稅、財產交易所得稅等。所謂的持有稅，則是地價稅與房屋稅。

自民國一〇五年起，「奢侈稅」已經終止，改為新制的「房地合一稅」。一般購買自住住宅的人，在交易稅上只需要注意買賣的契稅、印花稅與登記規費的金額，並且留意地價稅與房屋稅。

買賣的契稅、印花稅與登記規費，在購買房子時就要先準備好。在中信房屋的網頁中，有可以直接試算這些費用的公式與表格，想要買房的人可以多加利用。（如圖3-5所示）

每年的十一月，屋（地）主必須繳納地價稅。我覺得信義房屋的網站將這部份份資訊整理得最完善清楚，大家可以上網參考（如圖3-6所示）。

至於每年五月要繳納的房屋稅，也有一定的公式，只需要確認核定的單價，就可以試算。另外需注意的是，每個人持有三戶以內，皆適用一・二%的自用住宅稅率，但是若持有第四戶以上，則要用非自住的稅率來計算（如圖3-7所示）。

由於目前房地合一稅已經啟動，想販售房屋的人需要留意交易稅務的問題。基本上，房地合一稅、土地增值稅，在買賣的階段就需要繳納，而財產交易所得稅則是在隔年的所得稅申報時繳納。表3-3為政府公告的新制稅率說明，大家若有需要，可直接上政府官網查詢。

圖3-5 中信房屋房屋稅網路試算表

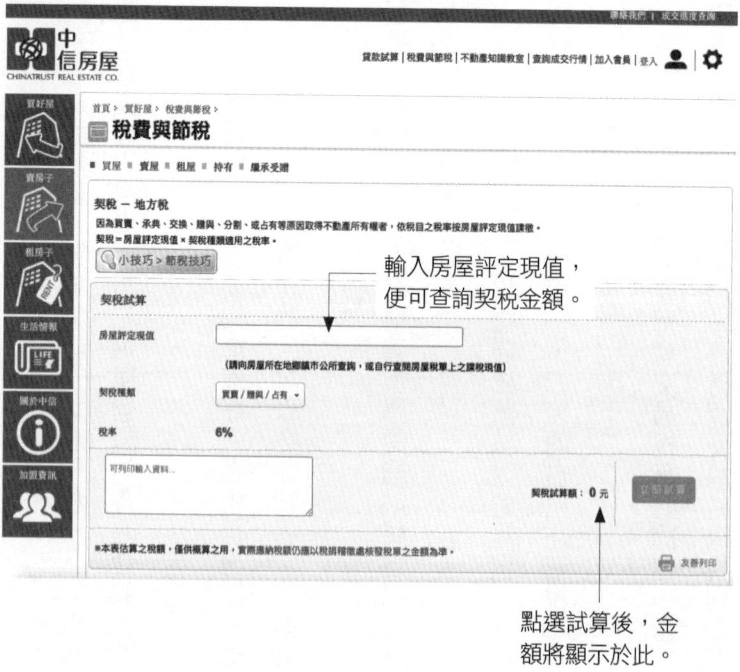

圖3-6 信義房屋地價稅網頁

網頁上詳細說明，適用
優惠稅率的符合條件。

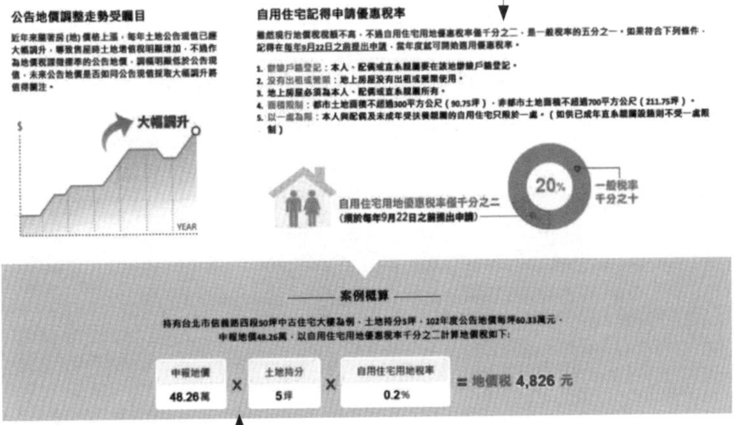

並提供試算案例。

圖3-7 信義房屋房屋稅試算

房屋稅計算方式：
核定單價×（1－折舊年數×折舊率）×路段率×面積×稅率
網頁上都有試算案例，提供大眾做參考。

—— 案例概算 ——

以大安路80坪(12層RC)住宅為例，路段率260%，舊標準單價每坪約16,793元，台北市調整2014年7月1日之後完工取得使照房屋之標準單價，以本案12層RC構造建築為例，新標準單價每坪為43,636元，房屋稅亦隨之調整，依不同條件試算房屋稅如下：

2014年7月1日前完工房屋				
標準單價16,793元/坪				
	情況	自住	非自住 北市擁有2戶	非自住 北市擁有3戶(含)以上
一般住宅	現值	16,793*260%*80=349萬		
	稅率	1.2%	2.4%	3.6%
	稅額	4.2萬	8.4萬	12.6萬
高級住宅 [illegible]	現值	16,793*(1+260%)*260%*80=1,257萬		
	稅率	1.2%	2.4%	3.6%
	稅額	15.1萬	30.2萬	45.3萬

※上方案例以北市為例

2014年7月1日後完工房屋				
標準單價43,636元/坪				
	情況	自住	非自住 北市擁有2戶	非自住 北市擁有3戶(含)以上
一般住宅	現值	43,636*260%*80=908萬		
	稅率	1.2%	2.4%	3.6%
	稅額	10.9萬	21.8萬	32.7萬
高級住宅 [illegible]	現值	43,636*(1+260%)*260%*80=3,267萬		
	稅率	1.2%	2.4%	3.6%
	稅額	39.2萬	78.4萬	117.6萬

※上方案例以北市為例

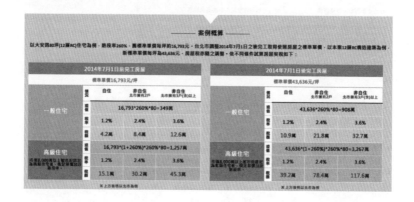

表3-3 房地合一課徵所得稅制度簡表（僅個人部份）

<table>
<tr><th colspan="3">項目</th><th>內容</th></tr>
<tr><td colspan="3">課稅範圍
（含日出條款）</td><td>◎ 出售房屋、房屋及其坐落基地，或依法得核發建造執照的土地。
◎ 105年1月1日起交易下列房屋、土地者：
● 105年1月1日以後取得。
● 103年1月1日的次日以後取得，且持有期間在2年以內（繼承或受遺贈取得者，得將被繼承人或遺贈人持有期間合併計算）。</td></tr>
<tr><td colspan="3">課稅稅基</td><td>房地收入－成本－費用－依土地稅法計算的土地漲價總數額</td></tr>
<tr><td rowspan="5">課稅稅率</td><td colspan="2">境內居住者</td><td>1. 持有1年以內：45%。持有2年以內超過一年：35%。持有10年以內超過2年：20%。持有超過10年：15%。
2. 因財政部公告的調職、非自願離職或其他非自願性因素，交易持有期間在2年以下的房屋、土地及個人以自有土地與營利事業合作興建房屋，自土地取得日起算2年內，完成並銷售該房屋、土地：20%。</td></tr>
<tr><td colspan="2">非境內居住者</td><td>1. 持有1年以內：45%。
2. 持有超過1年：35%。</td></tr>
<tr><td rowspan="2">境內居住者自住房地</td><td>減免</td><td>1. 個人或其配偶、未成年子女設有戶籍：持有並實際居住連續滿6年，且無供營業使用或出租。
2. 按前開課稅稅基（即課稅所得）計算，在4百萬元以下免稅；超過4百萬元部分，按10%稅率課徵。
3. 6年內以1次為限。</td></tr>
<tr><td>重購退稅</td><td>● 換大屋：全額退稅（與現制同）。
● 換小屋：比例退稅。
● 重購後5年內，不得改做其他用途或再行移轉。</td></tr>
<tr><td colspan="3">繼承或受遺贈取得者，得將被繼承人或遺贈人持有期間合併計算。</td></tr>
<tr><td colspan="3">課稅方式</td><td>分離課稅，所有權完成移轉登記的次日起算30天內申報納稅。</td></tr>
<tr><td colspan="3">稅收用途</td><td>課稅收入，循預算程序用於住宅政策及長期照顧服務支出。</td></tr>
</table>

Part 4

意外該怎麼預防？用 EXCEL 透視保險與年金

第23招 依據人生階段需求，搭配各種保險建立防護網

Q 常常聽人講只怕一萬，不怕萬一，究竟人的一生中需要的保險與保障有哪些？

A 每個人都希望人生一帆風順，但我們無法掌握未來，保險就是為此而生。做好人生各階段的保障，才能讓自己和家人更無後顧之憂。

我曾在一部勵志電影中聽過：「聰明的家庭主婦都知道，第一張支票是拿來支付房貸，第二張支票就是拿來繳保險。」這句話非常有道理。**人生中有無數種風險，有**

些風險我們可以撐過，但有些卻是無法承受之重。

在身心俱疲的狀況下，有個能支撐自己的金流，的確能解決不少煩心事。畢竟在面對困境時，生活沒有遭遇太大變動，才能有更多心思去想解決方法。在現今的社會裡，雖然錢不是萬能，但沒錢萬萬不能！

有一位在人壽保險服務的朋友曾對我說，他之所以轉職到保險公司，就是不希望再看到身邊的人因為突發狀況，而讓自己與家庭陷入困境。當時他跟我分享：「以前我在大公司當主管時，同事之間有一筆自發公積金，專門提供給有突發狀況，需要一筆急難救助金的同事使用。不過這只能解燃眉之急，無法給對方完整保障。有些意外產生的花費，絕非三、五萬元就能解決，只是人們在生活平順時，不會想到要做好防護措施，等到真的需要用錢時，才發現自己沒有保險，或是保險理賠的金額根本不夠支應眼前的狀況。」

他說得對，以我自己為例，牙齒狀況一直都不好，從小到大常常需要向牙醫報到。我離開家裡獨立後，由於工作忙碌，加上生活有許多開銷要支付，因此忽略要定期看牙醫，沒想到後來衍生的醫療費用，完全超出努力工作兩年的收入。

好險我有購買醫療保險，在與保險業務員討論完我的狀況後，決定多追加醫療險中的門診手術費用，並將額度拉到最高，雖然保費變多了，不過在我後來治療的三年中，保險理賠金幫我承擔了三分之一左右的醫療費用。如果沒有這三分之一的金援，我想我的牙齒治療可能會拖到四年以上，或是狀況會更加惡化，要付出的醫療費也更多，真是慶幸自己有買保險。

日本、美國的保險概念，普遍比台灣先進，或許是因為不同的文化背景，使得他們的保險觀念較為正確。不過，近幾年的宣導與網路資訊的傳遞，也讓越來越多的國人知道，應該要重視風險控管，讓自己與家庭多一層保障。

不同階段需要的保障

在我們開始討論保險商品前，先來看看一個人在人生不同階段中，有哪些階段和風險。

參照圖 4-1，人剛出生就開始產生由父母支付的支出，一直到就業後才開始收入大於支出，直到退休後無工作收入，再度變回支出大於收入。

於是，社會的新鮮人最擔心的就是，無法工作導致收入中斷，應先為自己保一張意外險，等經濟能力穩定後，再加買醫療險、重大疾病險與儲蓄險。

成家立業後，責任開始變得重大，應為家庭做好保障，買份定期壽險，保足意外與醫療的保障額度，再幫孩子準備終身醫療險，或是利用儲蓄險存教育基金。步入中年，要開始為退休做打算，可加買長期照顧險與儲蓄分紅保險，讓自己不用為了晚年生活憂慮。這樣算下來，人的一生大約要保七大種保險類別。

圖4-1 人生收支曲線圖

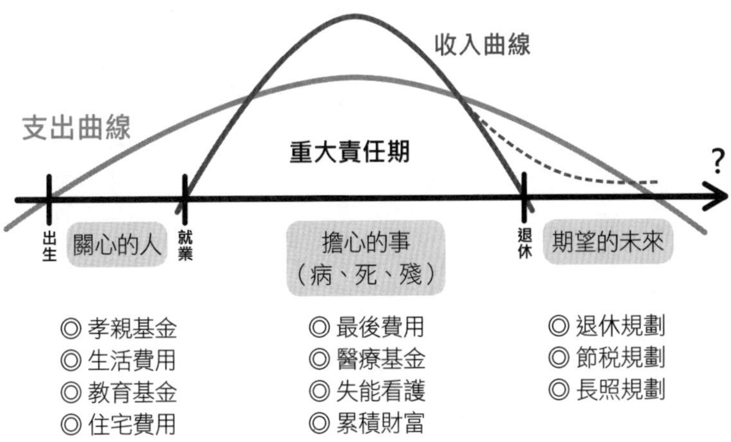

第一種人壽保單：意外險（二十五歲上下，給年輕打拚的你）

大多數人約在二十五歲左右出社會，迎接人生中的第一個正職挑戰。打拚事業會需要到處跑，因此必須先替自己投保個人身意外險。

這跟僱主替你投保的政府保險不同，是自己另外購買的商業型保險。當然，細節內容要找出最符合自己需求的。在這個階段，用每年一千元左右的保費，換取高額的保障，其實很划算。這不僅能讓自己有保障，也可以讓父母安心。

第二種人壽保單：醫療與重大疾病保險（二十八歲上下，給開始有經濟基礎的你）

工作幾年後，開始有點基礎，要往人生下一步衝刺，相對的責任也越來越重。三十歲前後是一個轉捩點，需要開始保養和維持體力，尤其要注重身體健檢。

這段時期，因為責任變大，需要穩定的成長，所以不能忽略突發狀況所產生的風險，請為自己規劃好醫療與重大疾病險。疾病是最容易拖垮個人或家庭的潛在因素，假如你是單身，只要做好個人的醫療保障即可，如果有伴侶，要讓家中的內外主導人都有足夠保障，例如防癌險、女性疾病相關險種，以及門診手術險等。

儘管家庭職務分工是一個主內，一個主外，但都需要投保足夠保險，因為一個人出狀況，勢必會影響到另一個，若事先做好保險規劃，當意外發生時便不需要煩惱請看護等費用，對家庭的影響才能降到最低。

第三種人壽保單：儲蓄保險（二十八歲上下，給開始有經濟基礎的你）

隨著時代演進，現代人越來越晚婚，大家都想趁著尚未建立家庭時多存點錢。短期儲蓄險可以幫你存下容易花掉的小錢，幾年後就有一筆資金可使用，或是當做成家基金也不錯，因此越早開始規劃越好。

第四種人壽保單：定期人壽保險（三十歲上下，給成家立業的你）

人生每個階段都有不同任務，成家立業後，責任與支出越來越重，房貸、車貸、信貸等壓力接踵而來。揹貸款的日子真的很辛苦，因此更要確保貸款的風險轉嫁。人生無常，無法確認何時會發生狀況，為了不要債留心愛的人，需要為貸款做一層保障。現在買房子時，銀行都會告知買屋人要不要多加一層保險，萬一真的有狀況，保險理賠金可以支付貸款，不用擔心辛苦存錢買的房子得要變賣。

保單調整補充說明：醫療、意外與儲蓄保險額度調整（三十歲上下，給成家立業的你）

假如你的觀念正確，到了三十歲時一定已經有幾張保單。但是，你會定期檢視、調整自己的保單嗎？畢竟每個階段需要的保障額度不盡相同，年輕時沒有負擔，可能一百萬的保額即可，不過在組織家庭後，調整保障是絕對必要的。

以保險的觀點來看，如果自身與伴侶都是家中重要的經濟來源，或是主要負責照顧家庭的人，就要做好主力人員的保障，並依照家中實際需要的額度，進行不同階段的保額調整。畢竟當意外來臨時，直接受牽連的絕對是沒有工作能力的老弱婦孺。

第五種人壽保單：嬰幼兒的健康保險（三十歲上下，給成家立業的你）

台灣的健保是很實惠的醫療制度，否則不會常聽到國外的華僑回國看病。即使在這樣的環境裡，仍然有許多的醫療行為及藥品須自己付費。我們無法確切知道使用時需要支付多少費用，所以需要用商業保險來轉嫁可能產生的醫療費用。

過去有段時期，保險公司大量推行終身醫療險，但隨著疾病越來越多，治療方式也有所改變，現在保險公司所提供的終身醫療險，內容多半已不符合時下需求。因此，有許多人改用定期醫療保險，提高實支實付的理賠金額較為實際。

改為定期醫療險的好處是：費用比較低，以及可以用同樣的金額保到較多樣的支付項目。替小朋友投保醫療險，更要注意實支實付的額度與項目，以及住院的定額補償，最好是將家長的一日工資額算進補償的額度中，因為當小朋友生病時，通常需要雙親中的一位請假照顧。

另外，資金運用較寬裕的家庭，可以在懷孕初期就投保嬰兒險。一般來說，通常是出生後十五天或是提供身分證號後才可投保，假如已經有先天性外觀可見的畸型，則不在保障範圍內。如果擔心有投保的空窗期，可以提早在懷孕時隨即投保（依各家保險條款而定），這樣的險種可以針對嬰幼兒先天性疾病給予保障，不過在購買時要確認清楚涵蓋哪些先天性疾病，以及理賠的條件等。

在滿足可以投保的條件後，為小孩挑選保單時，除了醫療險外，也要投保意外險（特別注重燒燙傷的部分），小時候是還在摸索世界的時期，在給予孩子自由成長空間的同時，千萬別忘了做好周全的風險控管。

此外，重大疾病、癌症險及殘扶險也可一併考量。不過，前提是不能只顧著孩子的保單，而忘記自己。如同前文所說，孩子在成年前都沒有工作能力，一定要先將家中支柱顧好，再運用多餘的預算為孩子做規劃。

第六種人壽保單：長期照護保險（四十歲上下，給準備退休基金的你）

目前台灣的長照服務法草案已經通過，「長期看護保險」、「特定傷病險」和「殘廢照護險」這三大類長照保險商品，成為大家近年來討論的話題。

由於社會走向少子化，以及醫療科技進步，人的壽命越來越長，未來老年人會越來越多。政府為瞭解決老年照護問題，預先設置相關配套措施，和健保一樣。不過，政府提供的只是基本，畢竟有這麼多的人需要照顧，因此商業保險就是為了彌補這樣的缺口而存在。

規劃退休保險時，可將長照險一併列入考量。簡單來說，先計算年金與退休後的支出金額，以及為自己規劃的儲蓄、投資等等，將這些總額換算成每月的生活費並做評估。當然要把通貨膨脹一起算進去，畢竟十年的通膨會讓幣值差距一碗麵的價錢。若是六十五歲退休，以目前平均壽命來看，大約還有二、三十年要過，越老需要協助的地方越多，多留些錢準沒錯。

就計算完的每月生活費（這時應該已經沒有貸款要付了）而言，若是可用金額沒有超過一個人十萬元以上，建議買張長照險。目前僱用外籍看護一個月需要付約二萬五千元到三萬元，本國籍看護一個月約六萬元到七萬元。在步入老年後，健康是上天的恩賜，就跟樂透一樣，不是每個人都有機會獲得。過了四十歲後，在經濟狀況許可的狀況下，請儘早為自己做規劃，保費會比較便宜。

第七種人壽保單：分紅保險（四十歲上下，給準備退休基金的你）

如前文所提，四十歲進入工作的成熟期，要開始規劃未來退休金的準備方式。有些人習慣用投資，有些人習慣用定存，有些人則習慣用保單，這些都是儲備退休金的方法。

在此要和大家分享的是分紅保單，所謂分紅保單，是指保險公司在每年的獲利中，按一定比例以現金紅利或增值紅利的方式，分配給投資者的一種保險商品。這樣的保單本質上還是保險，只是兼具投資的功能。

市面上的分紅保險商品大約分為兩種，一種叫做保額分紅，也稱為增額分紅、英式分紅，是將紅利以增加保額的方式進行分配；另一種叫做現金分紅，也稱為保費分紅、美式分紅，是以所繳保費為基礎進行分紅。美式分紅可分為四種方式：滾入保額、現金提領、抵減保費，以及提撥到另一個獨立帳戶儲存生息。計算方式在保單條款中都有說明。

然而，無論是英式分紅還是美式分紅，是否能帶給客戶更多利益，關鍵在於保險公司能否創造更高收益。其中彈性比較大的是美式分紅，但以投資波動性來看，美式分紅相對比較保守。

基本上，各項保險商品沒有好壞，要看個人需求做評估。假如你屬於不喜歡瞭解投資的人，可以直接依照保險公司的穩定度，選擇分紅保單做為保值的方式。這種保單相較於過往的投資型保單，穩定度高出許多，不過本質是保單，會產生保單相關的維護費用，所以有些擅長投資的人不喜歡這些額外費用。但是，對於不擅長投資、沒時間瞭解投資工具的人來說，是個可參考的選擇。

現階段勞工保險與勞工退休金、國民年金的說明

在台灣只要正常工作，政府制訂的相關保險都是每位勞動者應享的權益。接著讓我們一起來瞭解，究竟老年及退休後，政府提供哪些給付是我們可請領的。

首先，政府提供三種老年保障：國保老年年金、勞保老年給付、勞工退休金。詳情請見表 4-1，請領規則請見表 4-2。

我們常聽人說：「有工作者保勞保，沒工作者保國保。」

表4-1 認識三種老年保障：勞保老年給付、勞工退休金、國保老年年金

類型	勞保老年給付	勞工退休金（新制）	國保老年年金
性質	社會保險	退休金	社會保險
來源	政府、僱主和勞工共同繳納的保險費	僱主每月依法提繳至少6%及勞工自願提繳的退休金	政府與民眾共同繳納的保險費
請領方式	1. 老年年金給付（按月領取） 2. 老年一次金給付 3. 一次請領老年給付（在民國97年12月31日前有勞保年資者才能選擇）	1. 一次退休金（提繳年資不滿15年） 2. 月退休金（提繳年資滿15年）	老年年金給付（按月領取）

小提醒 退休時，只要年紀及年資符合資格，這三筆錢都能請領！

表4-2 老年最多可向勞保局申請三筆金額

勞保老年給付

- 年資滿15年：可選擇月領年金或是一次領（註：民國97年12月31日前有勞保年資者，才能選擇「一次請領老年給付」）。
- 年資未滿15年：僅能選擇一次領。
- 月領年金請領年齡：

出生年次	46年（含）以前	47年	48年	49年	50年	51年（含）以後
法定請領年齡	60	61	62	63	64	65
法定減給年齡	55-59	56-60	75-61	58-62	59-63	60-64
法定增給年齡	61-65	62-66	63-67	64-68	65-69	66-70

勞工退休金

僱主提繳＋自願提繳退休金＋累積收益，存入「勞退個人專戶」，60 歲可以領回。

國保老年年金給付

曾參加國保，滿65歲就可以請領，每月發給且可領一輩子。

國民年金給予老年、身心障礙及遺屬年金給付，並且整合現有的敬老津貼及原住民津貼，將現階段沒有受到任何年金庇蔭的國民都拉進保護大傘，享有基本的社會保險保障。

國保為勞保局主動納保，參加者不需向勞保局申報加保或退保，月投保金額目前為一萬七千兩百八十元，一般民眾需每月自付六百七十四元保費，繳至六十五歲止，期滿不需再繳費，便可按月領取至少三千元的國民老年年金直到死亡，保險費及保險年資都按全月計算。關於國保更多的內容，將在後續章節再做說明。

現在已有勞保的上班族，不能重複參加國保年金，但是失業或中途離職退出勞保後，勞保局就會主動納入國保年金，等到重返職場，再度參加勞保之後，才會自動從國民年金保險轉出。舉例來說，一個月當中，小陳只要有一天沒有參加軍、公教、勞、農保，他就要繳納一個月的國保保險費，但將來計算國保請領年資時，也是以一個月來計算。

此外，我們一生中，可能有好幾次更換工作的機會，勞保是可以累積計算的（如表 4-3）。有些自由工作者也會選擇找尋職業工會做勞保投保，正是因為勞保能調整收入的高低，來累積勞保年資及薪資的級距。不過，要特別注意的是，投保工會時不會累積勞工退休金。

※所有保險的條文與賠償費用，皆與相關保險法規有關，本文中的資料為撰寫年度的資料，最終須依照保險公司以及每個人投保的合約為準。

表4-3 勞保總年資試算

案例 爺爺要領勞保老年給付了，他曾在職業工會及公司加保過，申請時勞保年資該怎麼計算？

爺爺參加勞保的歷程

職業工會3年	公司15年	職業工會4年	公司6年

由公司加保與在職業工會加保的勞保年資，會合併計算

爺爺申請老年給付時依據的勞保總年資

＝3年＋15年＋4年＋6年＝28年

表4-4 勞退及勞保、國保老年年金比較表

		勞工退休金	勞保老年給付	國保老年年金
請領條件	一次領	年滿60歲不論年資。	一次請領老年：97年底前有勞保年資並符合條件之一者。 老年一次金：年滿60歲，保險年資未滿15年者。	無。
	按月領	年滿60歲，工作年資滿15年以上者。	1. 滿60歲，勞保年資合計滿15年並離職退保。 2. 滿55歲，擔任特殊性質工作年資合計滿15年並離職退保。 3. 滿65歲，勞保與國保年資合計滿15年。	滿65歲，不論國保年資幾年，均可請領。
給付說明		依「勞保退休金個人專戶」金額為基準。	按月領：A、B兩式擇優。 一次領：按C式計算。	A、B兩式擇優。
計算方式		一次：依個人專戶金額 按月：依勞保局計算公式。	A. 平均月投保薪資×年資×0.775%×3,000元。 B. 平均月投保薪資×年資×1.55%。 C. 平均月投保薪資×給付月數。	A. 月投保金額×保險年資×0.65%×3,500元。 B. 月投保金額×保險年資×1.3%。
請領期限		五年。	不限。	五年。
注意事項		依不同狀況，有續提請領與遺屬請領可申請。	一次請領：兩者的平均月投保薪資和年資的計算基準不同。 老年年金：可提前或延後請領，一年減增4%，最多20%。	某些狀況下的民眾（如領有軍公教勞保老年退休給付），只適用B式。

※資料來源：105年整理自勞保局。

※若要更精確瞭解自己目前的金額狀況，可以上勞工保險局網站查詢。

圖4-2 勞保局網站查詢教學圖

Step1

Step2

Step3

第24招 人壽、醫療與投資型保單，從購買到理賠懂透透

Q 坊間保險商品好多種，看了真是眼花撩亂，又不敢亂聽信業務員的廣告話術，到底該怎麼規劃才對呢？

A 購買保險商品的目的，是為了規避人生各階段的風險，只要以用途做為參考重點，規劃起來就會比較輕鬆明確。

在生活中，最需要我們花心思的險種，便是和自己息息相關的人身保險。

依據保險法第十三條，所謂的人身保險是以「被保險人」的生命（人壽險）、身體（意外險）、健康（醫療險）做為保險標的。其中，以意外險的規則較為簡單，只要注意保額大小（依照自己的生活責任或工作環境而定）、意外醫療理賠項目和金額、意外分級理賠方式三個方面，倒沒有什麼太複雜的地方。

人壽險和醫療險就需要多花點心思瞭解，其中還包含投資型保單。這兩類保險商品的變化較多，有一些細節需要特別注意，本章節將逐一說明。

壽險保單（內含投資型保單）

在台灣，許多保險都是從壽險衍生而來。但你知道嗎？其實，**壽險最終的目的只有一個，就是理賠被保險人因意外與疾病，而造成的死亡或全殘狀況**。因此，**壽險理賠並不是使自己受益，而是拿來照顧家人**。

你可能會好奇，究竟一個人的壽險該怎麼買，以及該買多少額度呢？其實，壽險的額度應隨著年紀調整。依保險法第一〇七條修正條文內容規定：未滿十五歲的未成年人為被保險人訂立的人壽保險契約，其死亡給付於被保險人滿十五歲之日起發生效力；被保險人滿十五歲前死亡者，保險人得加計利息退還所繳保險費，或返還投資型保險專設帳簿的帳戶價值。這是避免爸媽替孩子投保後，對孩子不利，發生詐領保險金的道德風險案件。其中政策性保險可排外，例如學生團體保險。

進入社會後，擔負的責任上升，可做初階的壽險保障。到了三十歲上下，正值成家立業、責任最重時，壽險的額度應該拉升到可照顧全家人的生活。等到快要退休，孩子都長大，貸款壓力也降低後，可以再將壽險的額度調降。

在網路上，有許多試算表可以參考，比較常見的壽險額度試算公式為：**壽險的額度＝撫養責任花費＋貸款或債務－可運用的資金**。

比方說，花先生是二十五歲的社會新鮮人，目前不需要撫養父母，只需每月給家中一萬元作為奉養金，一年約十二萬元。因業務需求，買了一台七十萬元的汽車，貸款八成，在買完車子後，手邊還有大約十五萬元的存款。花先生預計自己六十五歲退休前，都是每個月基本上要給父母一萬元。這樣計算下來，目前花先生需要的壽險額度請見表4-5。

運用上述公式，就能在每年檢視保單時，重新估算當下的壽險保額是否需要重新調整。

壽險基本上分為兩大類，一種是終身壽險，另一種則是定期壽險。市面上會用許多不同的名稱，來包裝這些壽險商品，因此讓人感到困惑。終身壽險通常可區分為以下幾種。

1. 終身壽險：就是一般用來單獨做壽險保障，或是搭配附約的主約，在承保期間繳納完保費，便可終身有效。這個險種確實為家庭提供不錯的保障，但相對保費較高，且年期較長，要能堅持繳下去，才能真正達到保障的功能。

2. 增額型（還本型）壽險：在市面上經常被稱為儲蓄險的險種，主要是在合約約定的期間內，按照約定的方式，運用單利或複利計算，增加保障額（增額型），

表4-5　花先生的壽險保額計算

（65歲－25歲＝40年）×12萬＝撫養責任花費480萬
＋汽車貸款56萬
－可用資金15萬

當下的壽險保額為521萬

或是每隔一段保單中約定的時間，便按照合約的比率，給予被保險人部分的保險金（還本型）。

3. 變額型（萬能）壽險：屬於投資型保單，結合了壽險與投資標的。投資型保單早期的費用大多是扣在壽險的服務費上，所以其實是以保障做為主軸。

另外，變額壽險區分為甲型與乙型兩種。甲型的身故理賠金額，是保單投資帳戶價值和保額兩者當中取其大，保險費用會隨著投資績效或保單投資帳戶價值而變化，投資帳戶價值總額越高者，保險成本便越低。乙型的身故理賠金額是保單投資帳戶價值和保額兩者相加，保險成本固定，不隨保單投資帳戶價值而變化。

在壽險的選擇上，還是必須回歸到需求面，讓保單盡可能單純，可以將定期型保單作為優先選擇，等到身上的預算充足時，再來考慮終身壽險。

投資型保單

投資型保單可分為兩種，一種是壽險，另一種是年金險。正式名稱為「變額（萬能）壽險」與「變額年金保險」，前者以保障為主，後者以儲蓄為主，在選擇時，一定要先弄清楚自己的需求再挑選。

投資型保單有幾個衍生問題。第一，保障和投資很難共存，如果希望同時有保障與投資獲利，建議分開來購買，畢竟壽險的保費成本一開始並不低，假如沒有持續繳費，這張保單基本上很難回本。第二，不建議增加附約，因為每月的保險成本與維護費用，是從投資帳戶中扣除的，可能會讓投資帳戶內的費用被扣光，保單就會失效。

醫療險保單

在台灣，對於保險觀念已經逐漸普及，想必大家已有既定的醫療保險知識。醫療險目前可分為四大類，分別為終身醫療險、定期醫療險、單一風險醫療險（癌症險），以及還本型醫療險或醫療型養老險。

基本上，以保障時間長短來區分，可分為終身和定期兩種。以理賠金額來區分，可分為理賠有上限和無上限兩種。最後，若是以給付方式來區分，則可分為定額型（日額給付型）、限額型（實支實付型），以及混合型三種。

即便健保能分擔大多數醫療費用，還是需要加購商業型的醫療保險。在挑選醫療險時，除了要計算每日理賠的額度外，更重要的是門診與手術實支實付的額度。估算日額額度時，除了住院費用、手術費用、自付藥物耗材費用、看護費用外，還要考慮無法工作時的薪資、日常開銷支出，以及可能會購買的營養補充品等的費用。

從前終身型醫療險較為盛行，但近年來，醫療技術不斷推陳出新，每年都會有新的療法或藥物開發出來，終身醫療險的理賠範圍已難以因應這方面的需求。畢竟十年前的理賠條款和十年後的醫療現況相差甚遠，因此建議先用定期醫療險做基本規劃，如此一來，每一年都可以進行調整變更。終身醫療險可以做為在七十五歲後無法投保定期醫療險的缺口填補，或是做為因住院無法工作時的日常生活開銷補償津貼。

專欄

不怕一萬只怕萬一，保險模擬試算給你看

保險是人生中分攤風險的首要工具，產物有產險、人身有壽險，在保護辛苦努力獲得的財產之前，人身的風險更需要先做好保障，而所有的有錢人都清楚知道風險轉嫁的重要性。保險商品百百種，在投保之前一定要貨比三家，許多商品乍看之下非常相似，但是不見得在細節上都有承保到。

圖 4-3 為一家保險公司的產品比較表，同樣都是醫療與重大疾病的保單，但理賠細節卻大有差異，有些著重在門診醫療，有些著重在首次理賠，有些單日住院醫療理賠高，但沒有首次罹癌的理賠金。

即使是同一家保險公司的商品內容，也會針對不同族群有所差異，因此與保險業務員溝通非常重要。務必要瞭解自己的預算，與當下的風險承擔度（像是內勤與外勤工作的風險承擔度就不一樣），評估不同的商品與自身需求是否吻合，保險就是用小

圖4-3 保險商品比較分析整理表

表單左方為理賠項目，依照自己手上的保險商品，在右方對應的欄位填入保哦。如此一來，便能比較出各項商品的細部差異。

保險公司			中X	中X	中X
被保險人					
保單號碼			建議規劃1_安心120+醫療	建議規劃2_GoFun心+醫療	建議規劃 3 _福滿人生＋醫療
生效日期					
壽險	保障	壽險	萬元	萬元	元
		傷殘(1-11級)	萬元	元	元
		傷殘(1-6級每月補助)	萬元	萬元	萬元
		特定傷病	100 萬元	100 萬元	50 萬元
	儲存利益	每 2 年領回	元	元	元
		滿期金	萬	萬	萬
		第10年起每年領回	萬	萬	萬
看護險	祝壽金		123 萬元	64 萬元	216,800 元
	殘廢金(1~11級)		1000000~50000 元	25000～50000 元	1000000~50000 元
	殘廢生活扶助金(1-6級月付)		10000~20000 元	元	元
	殘廢復建補償金		100,000 元	元	元
	身故金(保價金or總和*1.06)		保費總額*1.06倍 元	元	元
	豁免保險金		元	元	元
意外	意外保障		100 萬元	50 萬元	100 萬元
	意外傷害醫療		5 萬元	3 萬元	5 萬元
	重大燒燙傷		250,000 元	125,000 元	250,000 元
	意外殘廢保險金		元	25000～50000 元	50000～1000000 元
	意外傷害住院日額		2,300 元	1,180 元	2,300 元
醫療保險	實支實付	住院醫療保險金	90000~450000 元	90000~450000 元	90000~450000 元
		住院病房費/日	1,000 元	1,000 元	1,000 元
		加護病房費/日	3,000 元	3,000 元	3,000 元
		住院前後門診給付	600 元	600 元	600 元
		外科手術保險金	160,000 元	160,000 元	160,000 元
		門診腫瘤治療保險金	40,000 元	40,000 元	40,000 元
		健康增值保險金	年	年	年
			元	元	元
		補充保險金(限額)	2,000 元	2,000 元	2,000 元
	定額醫療給付	住院病房費/日	1,000 元	1,000 元	1,000 元
		長期住院病房金	1,000 元	2000～3000 元	1,000 元
		加護病房費/日	2,000 元	2,000 元	2,000 元
		門診手術醫療保險金	元	1,000 元	元
		雜費保險金	500 元	500 元	500 元
		外科手術保險金（1/3/6	10000/30000/60000 元	10000/30000/60000 元	10000/30000/60000 元
		特別處置保險金（1/3/5	1000/3000/5000 元	1000/3000/5000 元	1000/3000/5000 元
		重大器官移植金	120,000 元	120,000 元	120,000 元
		急診給付保險金	元	元	元
		緊急醫療轉送金	3,000 元	元	3,000 元
		重大疾病保險金	元	100,000 元	元
		住院前後門診給付	250 元	250 元	250 元
		健康增值保險金(3~8年)	25%～100% 年	20%～80% 年	25%～100% 年
防癌險	住院病房費/日		3,000 元	1,000 元	3,000 元
	長期住院病房金		3,000 元	1,000 元	3,000 元
	初次罹癌保險金		元	10000～50000 元	元
	療養保險金		3,000 元	1,000 元	3,000 元
	門診手術費用/每次		6,000 元	2,000 元	6,000 元
	住院手術費用/每次		60,000 元	20,000 元	60,000 元
	住院前後門診給付		1,500 元	500 元	1,500 元
	放射線或化學治療		3,000 元	1,000 元	3,000 元
	骨髓移植手術費用（一次）		150,000 元	50,000 元	150,000 元
	乳房重建手術費用（一次）		60000 元	20000 元	60000 元
繳費別			年繳	年繳	年繳
保費			114,388	84,607	55,142

錢換取分攤風險的機會，所以錢一定要花在刀口上。

職災保險請領案例

B男是業務員（勞保投保薪資為三萬零三百元），平時上班時間需要外出到處拜訪客戶。某天午後，外出拜訪客戶的途中，不小心發生車禍意外，導致他必須住院治療十五天。這時他可以請領哪些補助呢？

首先，請見圖4-4，瞭解有哪些狀況屬於職災的範圍。

在我們工作期間加保的勞工保險，除了提供勞工生育、老年保障，對於傷病、喪亡也有相關給付。當意外狀況發生時，勞保職災醫療給付有兩項補助：

1. 免繳健保部分負擔費用（由勞保局支付）。
2. 若有住院，住院三十天內的膳食費用減半。（一半由勞保局支付）。

在住院的十五天中，B男無法工作導致薪資的損失，依照規定，第四天起可申請

圖4-4 上班時間職災狀況範圍

上班時間內發生哪些狀況，可以視為職災呢？

如果發生事故時有這些情況，就不能算是職災：

- ⚠ 非日常生活所必需的私人行為。
- ⚠ 無照駕駛、違反交通規則或危險駕駛。
- ⚠ 駕駛車輛，但酒精濃度超標，或吸食毒品、迷幻藥或管制藥品。

表4-5 不同傷病給付內容分析表

不同傷病情形，領的傷病給付不一樣喔！

「普通傷病給付」住院領的是一般傷病	◎ 誰可領？ 因普通傷害或罹患普通疾病而住院，住院期間沒有拿到原有薪資，第四天起可申請。	◎ 領多少？ 前6個月平均月投保薪資×50%。
		◎ 領多久？ 勞保年資 < 1年，最長可領6個月；勞保年資 ≥ 1年，最長可領1年。

「職災傷病給付」因工作受傷領的是	◎ 誰可領？ 因工作傷害或罹患職業病，而需要住院或門診，治療期間沒有拿到原有薪資，第四天起可申請。	◎ 領多少？ 第一年，前6個月平均月投保薪資×70%。第二年，前6個月平均月投保薪資×50%。
		◎ 領多久？ 不論勞保年資，最長可領2年。

「勞保職災傷病給付」。依照勞保局規定，計算方式如下：前六個月平均月投保薪資×七〇％×天數÷三〇，也就是三萬零三百元×七〇％×一五÷三〇＝一萬零六百零五元。

若是B男有加保基本的商業醫療保險，假設其醫療險的住院醫療一天補助兩千元，意外住院醫療一天補助一千元，就可以另外多申請到每天三千元的補助，十五天則是四萬五千元。如果B男在這次住院中，沒有升等病房，那麼出院時只需支付雜費與一半的伙食費。

第25招 擔心退休沒錢用？得瞭解年金保險與盤算金額

Q 工作很辛苦，還好國家一直有幫我們做退休規劃，但究竟退休後可以領到多少錢呢？

A 在瞭解可以領多少錢之前，我們要知道政府究竟提供哪些福利，以及哪些項目何時可以請領，福利並非只有勞保。

現在年金議題吵得如火如荼，最大的原因在於不同行業的標準不同。年金種類多達十三種，包括軍人保險、軍人退撫、公教人員保險（公務員、公校教職員、私校教職員）、公務人員退休、學校教職員退休、私校退撫、政務人員退職、法官退養金、勞工保險、勞工退休、國民年金、老農津貼、農民健康保險條例。

其中吵得最兇的，不外乎是「退休軍公教人員優惠存款」，也就是大家常說的一八％。在動盪的年代，早期軍公教職員不多，薪資也低，當時的市場利率比現在高很多，所以當時政府為了補貼軍公教人員，設立這樣的制度。

但到了低利的現代，這樣的利率反而成為大家眼中的超高利息，於是產生爭議。從歷史的潮流來看，本來就沒有一種制度可以應付古今中外的時代趨勢，改革只是一個必經過程，也是每一任政府需要面對的課題。

的確，若能擁有一八％的年金，老年生活可以過得較為舒適，但是再怎麼好，也不足以養活所有人。回歸理財的原點來看，不論是否擁有一八％或是其他的年金優勢，為自己多存一些儲蓄與做好退休安排都是必要的。

改革的目的在於造福更多的人，不管政府的改革政策往哪一個方向走，我們要抱持腳踏實地的務實精神。如果有多出來的錢，那麼我們開心；如果沒有，至少你已為自己做好打算。畢竟政府所有的政策都需要顧及大眾，如果我們希望達到自己期望的生活水平，多努力賺錢並做好規劃，才是比較實際的做法。

瞭解國民年金保險

依照勞工保險局的說明，「國民年金保險」（以下稱為國保）是民國九十七年十月一日開辦的社會保險制度，主要納保對象是年滿二十五歲、未滿六十五歲，在國內設有戶籍，且沒有參加勞保、農保、公教保、軍保的國民。例如家庭主婦、失業者、未參加勞保（例如服務於四人以下公司），或已領取過退休金的勞工。

國保提供「老年年金」、「身心障礙年金」、「遺屬年金」三大年金給付保障，以及生育給付、喪葬給付二種一次性給付保障。

被保險人只要按時繳納保險費，在生育、遭遇重度以上身心障礙或死亡事故，以及年滿六十五歲時，就可以依規定請領相關年金給付或一次性給付，以保障本人或其遺屬的基本生活。

國保提供老年年金給付、身障年金給付、遺屬年金給付、喪葬給付、生育給付等保障，各項說明如下所示。

表4-6 國民年金給付項目表

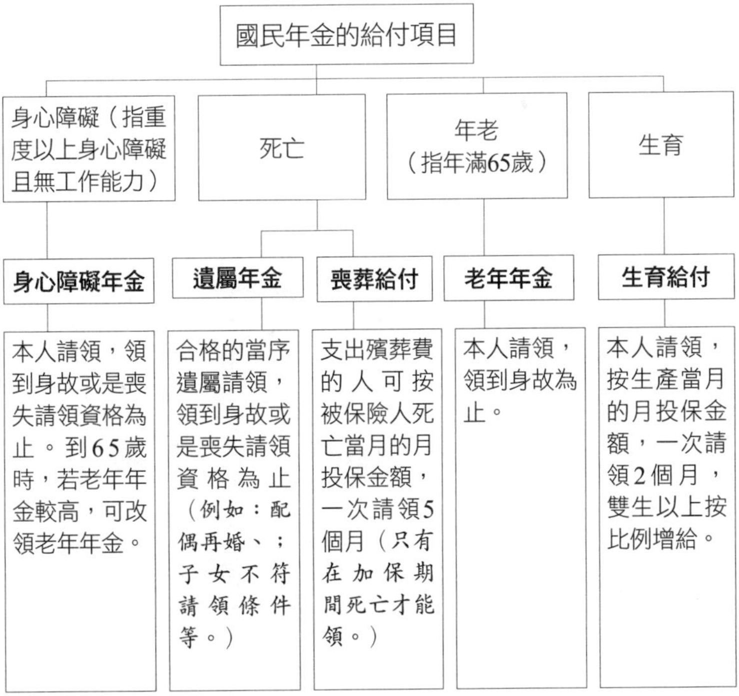

資料來源：勞動部勞工保險局

1. 生育給付

生育給付是從民國一〇〇年七月一日增加的項目，如果被保險人在加保期間生產，政府將提供二個月的生育給付（自一〇四年十二月十八日起適用）。舉例來說，國保月投保金額自一〇四年一月一日起，由一萬七千兩百八十元調整為一萬八千兩百八十二元，因此女性被保險人如果在國保加保期間生育，可以領到兩個月即三萬六千五百六十四元，假如生雙胞胎以上者，給付則按比例增加（若被保險人於一〇四年十二月十七日以前分娩或早產，依當時適用的法律，生育給付為一個月）。

2. 喪葬給付與遺屬年金給付

死亡身故分為兩種情況，一種是在加保期間或未及請領老年年金給付前身故，另一種則是在請領身心障礙年金或老年年金期間身故。

這兩種情況都可以由合格遺屬請領遺屬年金，遺屬年金是按投保年資計算，每滿一年，按月投保金額發給一．三％。如果遺屬年金算出來的金額不到最低保障，會發給最低保障三千六百二十八元（自一〇五年一月起調整為三千六百二十八元）。

合格遺屬若是有兩個人以上，每多一人可以加二五％的年金，最多加給五〇％。若是在請領身心障礙年金或老年年金期間身故，遺屬年金則按照原來領取的年金數額折半發給。此外，如果是在加保期間（六十五歲前）身故，還可以由支出殯葬費的遺屬，另外請領五個月的喪葬給付。

3. 身心障礙年金給付

所謂身心障礙年金，是指被保險人在參加國保期間發生傷病事故，而治療終止時，被醫院診斷為重度以上身心障礙，領有重度或極重度身心障礙手冊或證明，且經評估沒有工作能力，便可請領身心障礙年金。

身障年金給付是按投保年資計算，每滿一年，按月投保金額發給一・三％，如果因為年資過短，算出來的金額不到最低保障，並且沒有欠繳保費、領取社會福利津貼等情形，就會發給最低保障四千八百七十二元（自一〇五年一月起調整為四千八百七十二元）。

4. 老年年金給付

老年年金是曾參加國保、有國保年資的人，在年滿六十五歲時可以請領的錢。老年年金提供A、B兩式供被保險人選擇。

A式：月投保金額×保險年資×〇・六五%＋加計金額三千六百二十八元。

其中，加計金額在九十七年十月至一〇〇年十二月為三千元，一〇一年一月至一〇四年十二月為三千五百元，一〇五年一月起為三千六百二十八元。

B式：月投保金額×保險年資×一・三%。

若有欠繳保費、領取相關社會福利津貼或社會保險老年給付的情況，就不能選擇A式。

瞭解年金保險

在保險業界，常會聽到壽險是解決「走得太早」的問題，傷害險是解決「殘缺」的問題，健康險是解決「不健康」的問題，年金險是解決「活得太老」的問題。

依照勞保局的定義，年金是指一種定期、持續的給付，無論是按年、按季、按月或按週給付。而年金保險，就是將保險給付以年金的方式做規劃。

年金保險可分為前期資金的「累積期」和後期年金的「給付期」。如果直接進入年金給付，則稱為「即期年金保險」，有累積期的則稱為「遞延年金」。

而且，年金保險依照收益形式，也分為固定與變額兩種。顧名思義，固定年金保險中，年金利率是固定的，不論保險公司的投資績效如何，都按照合約上記載的利率來支付年金。同樣的道理，變額年金保險就是在投資標的上，依照績效來決定利率，通常會結合基金或是其他投資工具，可說是一種投資型保險。

在年金險中，經常會有保證金額或是保證年期的條款，是保險公司為了增加保單的賣相而加入，避免有些人擔心買後沒多久就離世，拿不到剩下的給付，而不願意購買。現在有許多年金險的保證條約，都設計成讓受益人能繼續領取剩下的金額或是年期。

在此有一個重點，**無論是政府提供的國保年金還是商業的年金保險，大家都不要期望這樣的險種能為自己創造財富。這些保險商品的目的，是在穩定提供每年基本固定的經濟來源**，因此前提是要先存錢進去。

舉例來說，葉婆婆存了一筆一千萬的退休金，但是她擔心自己一個不小心會將這筆錢挪到別的用途，也擔心通貨膨脹會快速讓這份資產貶值，因此她決定用年金險來保管這筆錢，未來除了每年固定的時間會撥款到帳戶中，還會增加利息抵抗通貨膨脹。

葉婆婆選擇業界一家二十年期的即期固定年金保險，並且有保證期間。這一千萬元保費除了期滿後每年可以領回約六十二萬元的年金，即使她提早離開世間，法定繼承人也可以繼續領滿二十年。不過，要是葉婆婆活超過二十年，後續的生活費來源便是她在這二十年中得另外思考的事情。

許多人會拿歐洲國家的國保制度，來比較台灣制度的不足。也許台灣政府提供的福利不是最好的，但放眼世界各國，也不是最差的。

有些國家之所以能提供強而有力的國家保險，讓人民老年後有依靠，是因為政府在人民退休前的課稅比例較高。簡單來說，國民賺了一百元的收入，有將近一半要繳給國家做稅收，因此政府可以提供完善的老年福利，但這樣的制度也會隨著高齡化社會的變遷而需要調整。

在台灣，就一般個人所得稅而言，政府並沒有收到將近一半的稅。縱使有高收入所得者，但他們其實想盡辦法節稅，或是開立公司轉移稅務問題。因此，多為自己創造收入，才是真正解決問題的方法，不論是國保還是商業年金保險，都只是一種輔助，而非可長久依賴的方法。

第26招 長照險到底是什麼？買之前先停看聽

Q 現在很多人一直在討論，究竟長照是要保什麼？還是只是保險公司的另一個宣傳噱頭？

A 台灣人對於保險的既定成見較深，長照險是因應少子化、高齡化社會老年人照護問題，而衍生出的保障方式，目的是更有效的節省社會資源。

長照保險是近年來的新話題，也是因應少子化、高齡化等社會現象而產生的保險。長照險跟照顧家人的壽險不同，主要是針對自己老後的照護做事先打算。無論是政府的制度或是商業保險，主要都是希望能解決長期照護的問題。

目前，除了長照險外，還有類長照險（特定傷病險）與殘扶險（殘障照護險），都是基於照護精神而產生的保險類型。

長照類保單

在投保長照相關險種時，要知道長照險不是自己認為需要照顧，就可以申請理賠。如同醫療險，理賠必須依照每家保險公司的條款規定。

目前政府的草案已經通過，但是在正式立法上還不完備，建議可以等待相關的規則更清楚後，再好好貨比三家。

現在長照險的保險範圍為「生理功能障礙」與「認知功能障礙」，在認定上，需符合巴氏量表六項中的三項以上，而生理功能障礙容易產生判定上的意見分歧，因此在投保前務必要看清楚承保內容。

另外，長照險的條款大多設有一條免責期，從確認診斷符合長期看護的狀態開始，需要持續長達九十天才能申請理賠。這項認知與實際狀況方面，容易出現疑慮和爭議。

類長照險的保險範圍比較明確，針對特定傷病的項目，只要醫生診斷證明符合，就可以申請理賠，並無免責期的規定，比較能立即幫助到真正有需求的人。通常，在過往家族中有遺傳病史的高危險群，建議應提早投保。

殘扶險的保險範圍，則是以「殘廢等級與給付比例表」所列的條款，做為給付依據。像是失明、失聰等殘障，都詳列在理賠的範圍中。在認定上比較沒有模糊地帶，依據醫生開立的診斷證明書就可以申請。

長照保險法的草案重點

在民國一〇四年六月，行政院通過《長照保險法》，其草案有幾個需要注意的重點，分述如下：

- 適用者：身體或心智功能部分或全部喪失，持續已達或預期達六個月以上，經評估日常生活需由他人照顧，依失能程度提供日常生活照顧、交通接送服務、機構住宿式服務等。

- 納保對象：全民強制納保。
- 費率：開辦前三年為一・一九%，每三年精算一次。
- 保費負擔比率：僱主四成、個人三成、政府三成。
- 保費：依薪資級距來計算。舉例：月薪三萬保費一百零八元；月薪四萬保費一百四十元；月薪五萬保費一百八十元；保費上限為六百五十元。
- 補充保費：股利、利息、獎金等薪資外收入加收補充保費，費率〇・四八%。
- 開辦時間：最快民國一〇七年開辦。

在政府尚未開辦前，若是想要購買長照險種，可以先從類長照險與殘扶險著手，並且評估自身其他的保險規劃是否充足，最後再考量長照險。畢竟照護的認知尚有爭議，以及有免責期條款，對於有急需的人來說無法馬上救急。

運用年金險種，將未來老年可能需要用到的看護費用先存下來，是另一種變通方式。許多保險業者都會說越早買越划算，但是在新商品出來的前五年，多半都還在實驗階段，建議趁這時觀察各家保險公司的理賠狀況，再做決定也不遲。

專欄

實作教學！利用EXCEL幫你的保單進行體檢

人生每個階段的需求不同，必須懂得隨時調整保單狀態，用EXCEL表單來整理最簡易適合。圖4-5的表單是針對不同險種填入表格，並將細節也一併填寫進去。

如此一來，不但可以讓自己一目瞭然產品的內容與理賠的細節項目，更方便每年定期評估是否需要調整保單額度，以確保對所有的風險都做好防護。

通常比較需要調整的是意外、醫療這類險種，一旦不足便需要立即針對缺口補足。像是外勤人員，要確保實支實付的金額足夠，畢竟在外打拚，難免會發生一些意外，若沒有購買實支實付的保險又沒有住院，有時可能無法申請到理賠給付。

圖4-5 EXCEL保險整理表

依照不同險種的理賠項目，增加左方欄位，並填入自己購買的保額細節，便能掌握現階段的保障額度。

保險公司		全X人壽	全X人壽	全X人壽	全X人壽
被保險人					
保單號碼		98.9.10_全X人壽安心保終身醫療健康保險(單位：1000元)_20年期+失能及重大疾病豁免附約	100.8.10_全X人壽多重重大傷病保險(保額：50萬元)	102.05.29_全X人壽安心360利率變動型增額終身壽險(保額：6萬元/30年期)+殘廢照護終身保險附約(保額：150萬/30年期)+失能及重大疾病豁免附約	104.3.18_全X人壽安心360利率變動型增額終身壽險(保額：17萬元/20年期)
保	壽險	萬元	萬元	萬元	萬元
	傷殘(1-11級)	萬元	萬元	萬元	萬元
	傷殘(1-6級每月補助)	萬元	萬元	萬元	萬元
障	特定傷病	萬元	萬元	萬元	萬元
祝壽・期滿領回		萬元	343,000 元	1,191,918 元	3,230,119 元
殘廢金(1~11級)		元	元	150萬~7萬5 元	元
殘廢生活扶助金(1-6級月付)		元	元	3萬~1萬5 元	元
殘廢復建補償金		元	元	元	元
身故金		元	元	壽險表上額度 元	元
豁免保險金		元	元	元	元
意外保障		萬元	萬元	萬元	萬元
意外傷害醫療		萬元	萬元	萬元	萬元
重大燒燙傷		元	元	元	元
意外殘廢保險金		元	元	元	元
意外傷害住院日額		元	元	元	元
實	住院醫療保險金限額	元	元	元	元
	住院病房費/日	元	元	元	元
支	加護病房費/日	元	元	元	元
	住院前後門診給付	元	元	元	元
實	手術費用保險金(限額)	元	元	元	元
付	門診腫瘤治療保險金	元	元	元	元
	附屬品之費用給付限額	元	元	元	元
	住院病房費/日	1,000 元	元	元	元
定	長期住院病房金	2,000 元	元	元	元
	加護病房費/日	2,000 元	元	元	元
	門診手術醫療保險金	1,500 元	元	元	元
額	雜費保險金	元	元	元	元
	外科手術保險金	3,000 元	元	元	元
醫	特別處置保險金（1/3/5倍）	元	元	元	元
	燒燙傷病房補助/日	元	元	元	元
療	重大器官移植金	500,000 元	元	元	元
	重大疾病保險金	750,000 元	50萬/60萬/75萬 元	元	元
給	住院前後門診給付	元	元	元	元
	出院療養金	500 元	元	元	元
付	健康增值保險金	三年30%	元	元	元
	急診保險金	1000 元	元	元	元
住院病房費/日		元	元	元	元
長期住院病房金		元	元	元	元
初次罹癌保險金		元	元	元	元
療養保險金		元	元	元	元
門診手術費用/每次		元	元	元	元
住院手術費用/每次		元	元	元	元
住院前後門診給付		元	元	元	元
放射線或化學治療		元	元	元	元
骨髓移植手術費用（一次）		元	元	元	元
乳房重建手術費用（一次）		元	元	元	元
繳費別		季繳	月繳	月繳	年繳
保費		3,904	1,509	1,947	37,509

Date / /

Part 5

想靠投資錢滾錢？用 EXCEL 幫你徹底把脈

第27招 投資前必須釐清目標、工具，還有風險承受度

Q 投資真的有那麼重要嗎？想讓自己生活過得更輕鬆，真的一定需要懂投資嗎？

A 投資行為本身沒有善惡，只要觀念正確，持續學習，加上穩定操作，可以為自己創造細水長流的金流收入，更可以為人生添加穩定的元素。

本書一直提到的理財概念，就是開源與節流。在累積財富的道路上，究竟是開源

重要還是節流重要？從我的觀點來看，兩者都重要，不過依照不同人的特質，優先順序可能會不同。

舉例來說，有些人對於開拓新視野、嘗試新玩意，有著不畏懼的本質，並且樂在其中。這些人可以先把重心放在開源，在支出方面則是以不超過基本生活開銷為準則。對於偏向安穩的人，建議先管控好節流，再找適合自己的開源投資方式。

一個人要提升自己的財務水準，這兩者都不可或缺。開源不只是針對升遷、接案、賺外快，其實用投資創造收入也算在內，而且這樣的開源方式，一旦學會就是一輩子的技能。比起尋找案源、巴結上司、開拓業務，投資的掌控度反而更高。每一個人在投資前，必須釐清以下四點：

1. 自己為何要投資？要先想清楚投資目的。
2. 想要藉由投資達到怎麼樣的目標？
3. 該從哪一種工具開始投資？
4. 自己可承擔的虧損是幾成？

第一點是每個人在投資前就要思考的。究竟投資的目的為何？是為了保值現有的現金，還是為了創造另一條收入來源，抑或是讓自己不亂花錢？

掌握目的是為了讓自己清楚方向，如同開船的船長要先知道自己的目的地，才能決定航線。許多沒投資的人其實活得並不差。究竟是因為別人說投資很重要，所以你才投資？還是你希望藉由投資達成自己要的結果呢？

以我來說，剛開始我想依靠投資賺錢，這樣就不用受限於上下班限制。雖然現在看來，當時我尚未瞭解自己的投資屬性就貿然開始，真是很天真，但我感謝這讓我真正瞭解投資的意義。

每個人生階段會有不同的想法與狀況，因此調整投資的目的是正常的，只不過若是每週變一個目的，不斷調整策略與工具，那就不行了。最好是以一年為一個檢查點，如果是儲蓄類的保險商品，就必須以合約到期為準，不然可能會產生損失。

第二點要思考的是，你希望藉由投資達到怎樣的目標？比方說，我希望藉由投資股票，創造每年十二萬元的利息，或是藉由投資儲蓄保單，每年存十萬元的現金等。這個目標必須有明確數字，後續才能量化計算。在投資過程中，要依照實際績效進行目標調整，讓這個數字更符合真實性。

第三點是要選擇哪種投資工具。舉凡銀行活存、定存、投資型保險、分紅型保險、基金、股票、期貨、選擇權、房地產等等，都是不同種類的投資工具。在你選擇工具前，需要具備以下幾個概念。

七二法則

許多投資者都知道這個神奇的數字法則。假設現在有一百萬本金，想在十年內翻倍，需要用多少報酬率的投資工具呢？使用七二法則將七二÷一〇＝七・二，就可以知道只要有一種每年都有七・二％投資報酬率的工具，並投資一百萬，十年後就能翻倍成二百萬。七二法則運用的是複利的原理，能幫助你計算固定資本若要翻倍，需要花多少時間（或是投資報酬率為多少）。其他例子請見表5-1。

通貨膨脹

相信許多人都有過這樣的感觸：小時候去麵包店或是雜貨店，只需花一點錢就可以換取一樣食品，但現在卻需要多花將近五成的金錢才能買到。我還記得，小時候吃的車輪餅一個才八元，現在一個都要十至十五元以上了。同樣的錢卻買不到同樣等值的商品，這就是通膨。

在經濟成長的國家，通貨膨脹是無法避免的問題，物價會越來越高，幣值越來越貶值。這也是許多人積極理財與找尋投資工具的原因，以便讓錢保有它的價值。

假如你想要瞭解「消費者物

表5-1 七二法則翻倍計算案例

舉例：想將10萬元翻倍成20萬元，在七二法則下需要多少的報酬率？以及各要花幾年？

報酬率	**72法則（約略）**	需要的時間
1%	72÷1=72	72年
3%	72÷3=24	24年
5%	72÷5=14.4	14.4年
7%	72÷7=10.3	10.3年
9%	72÷9=8	8年
11%	72÷11=6.5	6.5年
13%	72÷13=5.5	5.5年

價指數」（CPI），可以進入中華民國統計資訊網的主計總處統計專區查看。如果想要瞭解通貨膨脹每年到底是多少，可以查看「消費者物價指數年增率」，行政院主計處每一年都會有最新統計數據。（如圖5-1所示）

當我們明白以上兩個基礎概念後，就會理解到，最基本的投資工具最好是能維持資產的保值性，之後才是提升投資報酬率。前面提到的常見投資工具當中，簡單區分為以下三大類：

圖5-1 消費者物價指數表

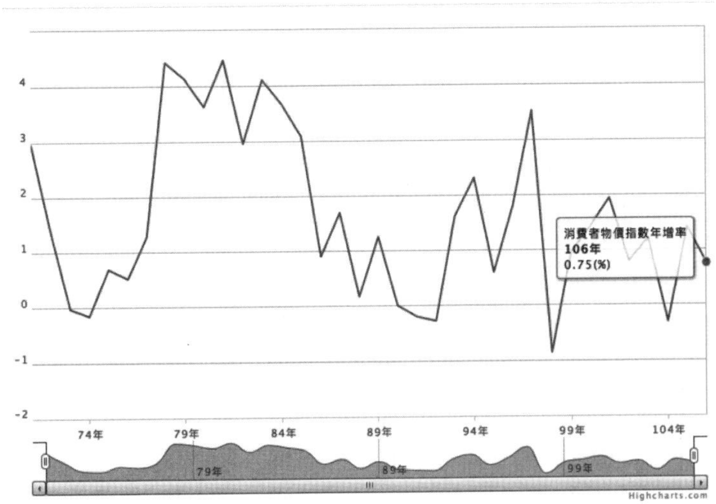

1. 儲蓄型工具：最低報酬率可能低於通膨率，但能存下一定金額。
2. 穩健型工具：投資報酬率在通膨率以上至一〇%以內。
3. 積極型工具：投資報酬率在一〇%以上至一〇〇%，甚至可能更高。

我們都希望可以投資到能翻倍或翻翻倍的工具，但這跟中樂透是同樣的道理，一張五十元的樂透中一千萬元的機率有多少？這不需要多加解釋，大家都很清楚，說不定被雷打中的機率還都比較高。還是務實點，好好測試適合自己的投資工具。

簡單區分完投資工具的基本性質，在選擇時，除了看報酬率外，最重要的是要確認是否符合自己的個性。比方說，我喜歡擁有休閒時光，因此不適合需要隨時盯盤的積極型工具，反而是定期定額，或是事先確認過投資標的的定期股、穩定型基金比較適合。關於每種工具的深入細節，你可以在許多書籍和理財雜誌上看到。

第四點要說的是個人的風險承擔度。投資沒有穩賺不賠，如同你的人生不會永遠一帆風順。人生有高有低，投資當然也是一樣，只是人生的高低有時無法光靠努力解決，不過你可以為風險設定停利停損點。

投資之所以需要停利點，是因為不同投資工具會隨著市場、政府政策與外資資金進出，而上下波動。停利點的目的是見好就收，不管今天獲利再好，都還沒有進到自己的口袋中，想要真正得到獲利，就要在到達停利點時，將投資轉兌現金放進帳戶。等待下一次符合的標出現時，再次投資，投資循環才會長長久久。

停損點就更不用說了，既然已經知道有虧損的可能性，應該在損失多少資金後出場呢？我建議依照自己的個性來決定。舉例來說，假想你手上有十張一百元，共計一千元，現在請你將它們一張張丟進大海中，而丟到第幾張一百元時，你會開始心痛，那就是你的停損點。在假想中，我丟到第三張都還可以，第四張就開始會有心痛的感覺，因此我知道三成虧損是自己的極限了。

在找到停損點標準後，要反觀自己的金流狀況。投資用的錢最好是完全的閒錢，千萬不要借貸從事投資。許多技巧高超的資深投資人，都可能會無預警慘賠，更何況是缺乏專業知識與技巧的人。使用多餘的費用，才不會因為投資的起伏而影響到生活狀況。

表5-2 常見投資工具比較表

投資工具	投資門檻	投資屬性	變現性	風險度	獲利度
銀行存款	低	保守	高	低	低
政府債券	中～高	保守	中	低	低
國內股票	依個股而定	積極	高	依個股而定	依個股而定
國內基金	低	穩健～積極	高	中	中
國內期貨	中～高	積極	高	高	高
選擇權	低～中	積極	高	高	高
外匯	中	積極	高	中	中
保單	依保單而定	保守～積極	中	依保單而定	依保單而定
房地產	高	穩健	低	中	中

第28招 選到好股不踩雷，3大財報的必看關鍵

Q 想投資股票，看不懂財報怎麼辦？難道一定要看得懂財報，才能投資嗎？

A 平常我們買東西，都會先瞭解商品的作用、成分標示與製造商。買股票也是一樣，財報是能最快速瞭解一家公司營運狀況的資料，當然一定要學會怎麼看。

在報章雜誌媒體上，你一定曾看過這類報導：「高齡阿嬤做股票投資，年領百

萬」、「菜籃族用股票幫自己賺進私房錢」等。究竟投資股票是在投資什麼呢？

股票是一家公司部分所有權的證明，投資股票就是拿金錢去買一家公司在交易所上發行的部分所有權。因此，當你擁有這家公司的股票時，可以在公司賺錢後，分配到它給股東的股息。

這些上市公司需要接受政府法規的控管，並在股市進行交易。在台灣，股票發行時，一股是十元，每一張股票的面額為一千股。購買股票時，通常是以一張為基準，後面我們會提到「零股」的概念與投資法，在此就先不多提。

股票投資方式，大致可分為長線投資與短線價差兩種類型。它們是完全不同的形式，並沒有哪一種比較好，端看每個人的投資屬性與習慣。

做長線投資的投資人，主要的獲利來自股票公司的成長與分紅。投資人以股票投資的公司在賺錢後，可以選擇發放獲利給股東，或是將獲利投入公司的營運，擴大公司規模。對於股東來說，這兩種方式各有不同的成果，前者是發放的股利，後者是股價的成長。

舉例來說，國內電信業的龍頭中華電信（代號：2412），每年大約都是一張股

票（一千股）配息四至五元之間。回推十年，股價上升大約一倍左右，是典型的長線投資。（請見圖5-2）

喜愛做短線價差的投資人，投資的是每天股票的震盪，賺取震盪所衍生出的利差。台灣股市的單日漲跌幅，自一〇四年六月一日起，已從七%放寬到一〇%，因此透過每日的波動幅度買進賣出，可能賺到長線投資一整年的獲利。對於不喜歡等待的人，做短線價差確實是很好的切入點，只是相對的，風險高出許多，因為影響股價的因素非常多樣。要做短線價差的投資人，一定要多花費心思研究。

要選擇從事長線或短線的操作，主要是依照每個人的狀況來評估。如果在風險承擔上無

圖5-2 中華電信股利政策表

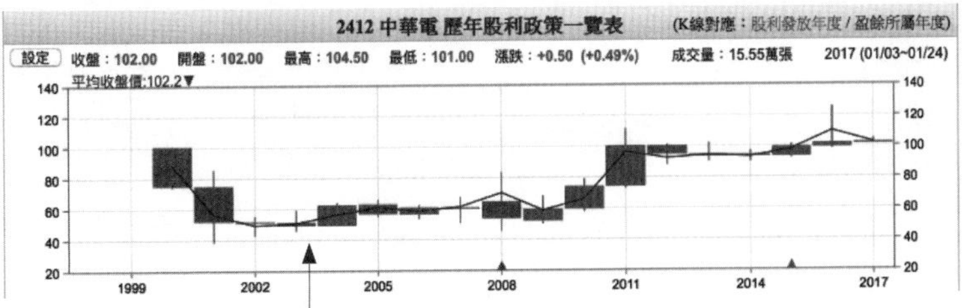

由股利政策表可看出股價上升幅度，確認長線投資績效。

法接受太大損失，加上沒辦法每天花時間研究股票，比較適合長期的操作方式。當然，如果對於一年五％至一〇％的報酬率感到不滿足，並且有時間投入股票研究，就比較適合以短線為主。

在股票研究方面，喜愛做長線投資的人應該先瞭解股票的基本面。畢竟長期投資一家公司的股票，得瞭解這家公司的運作、市場、財務等狀況，才能確保股票的

圖5-3 國際各主要股市個主漲跌幅限制

主要股市個股漲跌幅限制

單日漲跌幅限制(%)

台灣	7	中國大陸	10
南韓	15	日本	14~30
泰國	30	馬來西亞	30
美國	無限制	新加坡	無限制
英國	無限制	德國	無限制

註：南韓股市個股單日漲跌幅限制，明年將放寬至30%。
資料來源：金管會
經濟日報

（資料來源：經濟日報2015年6月。）

價值。

對於做短線投資的人而言，重點則在於如何在適當的價格買入，並且在漂亮的價位脫手，所以要研究許多技術指標，建議可以從K線與均線開始學習、打穩基礎。

財報看哪些重點

看財務報表，可以評估一家公司營運狀況的數據。所有的上市上櫃公司都需要按照標準，準時公布財報，讓投資人檢視。**想要評估公司狀況，可從損益表、資產負債表、現金流量表與股東權益變動表，進行綜合瞭解。**

損益表：這張表記載過往一整年內，這家公司的收入、支出、淨利等營運數字，從這張表可以瞭解，想要投資的公司每年會賺多少錢？毛利高不高？有沒有賺錢？因此就像買賣一樣，進貨一定有成本，賣出也會有收入，相減就可以看出利潤。公司的人事、租金等成本，也需要從總營業額中扣除。在總營業收入扣掉所有的營業成本後，剩下來的利益越高，就表示公司賺的錢越多。

基本概念是：營業收入－成本＝營業毛利；營業毛利－營運費用＝營業利益；營

業利益＋業外所得＝稅前純益；稅前純益－稅金＝稅後純益。

我投資股票時，經常會注意EPS的數值。EPS叫做「每股盈餘」，又稱為「每股收益」或「每股盈利」，可以從損益表中算出。這個數值與公司股價有一定的連動性，是衡量公司獲利的指標之一。每股盈餘的計算非常簡單易懂，其公式為**每股盈餘＝稅後淨利÷流通在外的普通股加權平均值**。

資產負債表：這張表是由資產、負債及股東權益三個部份所組成，而資產＝負債＋股東權益。

在資產負債表中，資產高不一定代表公司底子厚，有可能是庫存賣不出去所轉換的現值。負債低也不一定表示好，有可能這家公司運用資金不靈活，不懂得利用銀行週轉營運。因此該怎麼評估呢？我們可以比較每年的報表，瞭解過往的資產包括哪些項目，再與同產業的企業做比較，並進行評估。

現金流量表：我們常聽到某公司的財務報表造假，其實一家公司的財報是真或假，可以透過現金流量表來檢查。公司的收入不一定都是現金，而現金流量表會顯示出，企業在某一特定期間內，從事哪些營業活動、投資活動與理財活動等，因此透過

圖5-4 中華電信資產負債表

年季	2016Q3	2016Q2	2016Q1	2015Q4	2015Q3	2015Q2	2015Q1	2014Q4
流動資產	70,192.23	98,506.95	84,110.83	76,206.84	68,863.15	94,640.43	79,718.00	69,412.24
現金及約當現金	10,844.06	44,643.35	34,544.87	30,271.42	20,608.47	34,284.52	30,801.47	23,559.60
存貨	7,869.37	6,912.88	6,911.22	8,780.19	6,556.37	6,712.83	6,877.30	7,096.51
長期投資	12,670.31	13,668.79	14,580.43	15,552.90	16,239.25	17,406.77	18,377.60	17,929.12
固定資產	285,349.72	287,805.34	291,630.07	296,399.15	292,937.20	295,149.39	298,417.05	302,650.34
土地	--	--	--	--	--	--	--	--
累積折舊	--	--	--	--	--	--	--	--
其他資產	11,101.18	11,514.76	11,957.80	9,208.84	9,706.92	8,736.34	8,924.98	9,106.07
資產總計	430,902.81	464,111.96	456,218.07	453,021.09	433,908.42	462,115.28	452,695.97	446,704.61
流動負債	51,832.03	94,504.16	54,053.31	58,526.09	49,751.66	90,248.20	53,559.61	58,899.74
應付帳款合計	--	--	--	--	--	--	--	--
長期負債	1,600.00	1,600.00	1,646.47	1,742.31	1,830.80	1,797.44	1,850.00	1,900.00
其他負債	12,459.79	12,726.33	12,805.12	18,537.56	17,730.86	16,879.09	16,515.60	16,140.47
負債總計	66,618.54	109,554.62	69,226.11	79,012.09	69,517.27	109,081.95	72,135.17	77,165.28
股本	77,574.46	77,574.46	77,574.46	77,574.46	77,574.46	77,574.46	77,574.46	77,574.46
股東權益	364,284.27	354,557.34	386,991.96	374,009.00	364,391.15	353,033.33	380,560.80	369,539.34
公告每股淨值	46.16	44.95	49.07	47.53	46.33	44.85	48.38	46.98

資產＝負債＋股東權益
由上圖可看出各年度各季的數值

這張表，能瞭解企業取得現金的來源與運用方式。

股東權益變動表：投資人購買股票後，就成為股東，想要瞭解一家公司的股東分紅好不好，未分配的盈餘是否夠多，盈餘用到哪裡，是否能為股東帶來效益等，都可以透過這張表得知。

建議參考理財名人怪老子的書籍或是網站，他曾說：「財報分析就像是拿著一個放大鏡，詳細檢查企業的財務狀況與營運績效。投資人透過這樣的過程，可以清楚知道手中的股票是否值得長期擁有。」

另外，可以參閱錢Dollars雜誌《看懂財報，年年多賺一百萬》的分析報導，裡面有更詳細的說明。

第29招 解讀K線發掘潛力股，用零股交易擁有高價股

Q 想要進場投資，但是資訊太豐富，不知道該從何下手，能不能給我個好建議呢？

A 想瞭解股票投資，建議從基礎的K線開始。就跟買東西看商品標示一樣，K線是股票的商品標示，幫助你進入股市更容易上手。

對於想做短線價差的投資人而言，K線是一定要瞭解的技術指標。在長期投資方面，除了需要瞭解公司的基本面外，還需要時間發酵，因此「買在低點」是長期投資

中的一個學問。不過，以目前股市狀況來說，有些新手投資人想預測未來十年後的事，而研究許多面向，但有時心裡還是會害怕，因此部分資金的短線操作就成為另一個選擇。

在短線操作上，不會有要等到台股下跌至多少點以下才能進場的問題。在股票市場獲得財務自由的名人月風曾說：「無論大盤狀況如何，都能靠判讀K線，找出有潛力、能繼續飆漲且帶動大盤的投資標的，並不需要長抱便可以獲利了結。」他本身就是運用這樣的方式累積財富。

在經過一天股市交易後，股票會有開盤價、收盤價、最高價與最低價四個價格。這四個數字會組合出所謂的K線圖，於是投資人可以知道這支股票一天內的波動。

股市盤中會有兩種顏色，一種是紅色，一種是綠色（早期是黑色）。當股市一片慘綠時，就表示盤市是跌的；相反的，股市收紅就表示盤市上漲。同樣的意思，紅色K線代表上漲，綠色的K線代表下跌，這個漲跌是跟前一個交易日的收盤價做比較而來的。它們還有不同的別名，紅K線為陽線，綠K線（黑K線）叫做陰線。

在明白顏色代表的意義後，接著看K線的形狀。柱狀部分為「實體」，代表當天

圖5-5 K線示意圖

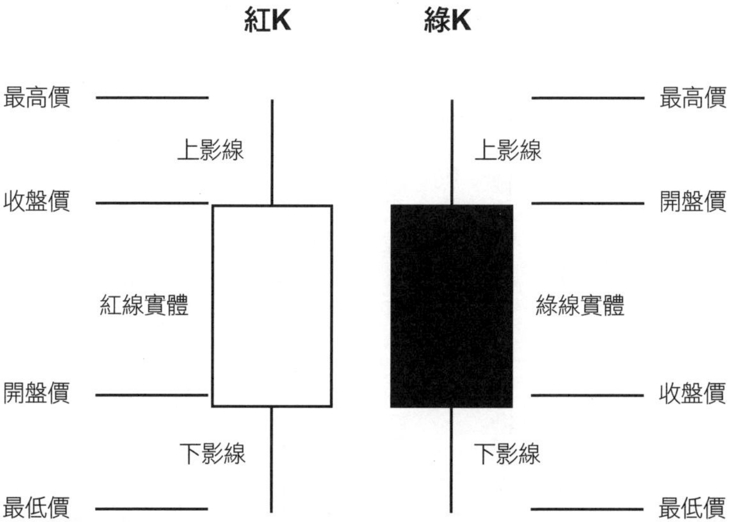

的開盤價與收盤價，當價差越大，實體就越長；相反的，價差越小，實體就越短，甚至是一條橫線。在實體上下方的直線稱為「上下影線」，代表著在開盤與收盤之間，股價的最高與最低是以什麼價位成交，如果跟開盤價、收盤價的差異越大，影線就會越長；相反的，如果跟開盤價、收盤價一樣，就不會有影線。參照圖5-6，可以幫助你更快瞭解柱狀的意思。

學會看K線，是一切技術分析的基礎。**瞭解K線，最大的價值在於判斷股市的轉折點**。另外，專家說判讀K線訊號時，要先判斷股市是處於收縮還是擴張階段。如果趨勢在收縮盤整狀態，K線訊號沒有太大的意義；相反的，若趨勢在擴張階段時，K線訊號就非常重要。新手想要少繳一些學費，一定要多花點心思去瞭解技術分析。

市面上有許多書籍、雜誌與課程，教導投資人如何判讀K線的相關訊息，而每一位專家教導的判讀方式都不同。K線形狀大致上有二十種左右（包含紅色K線與綠色K線兩種），這些都是想從事短期操作的投資者需要知道的。

若是想深入瞭解K線技術操作，可參考以下書籍或雜誌：《K線日記》、《散戶媽媽的5堂K線存股課》、《我用K線筆記每次獲利40%》、《我也能一小時看懂財

圖5-6 股價柱狀示意圖

這就是柱狀！

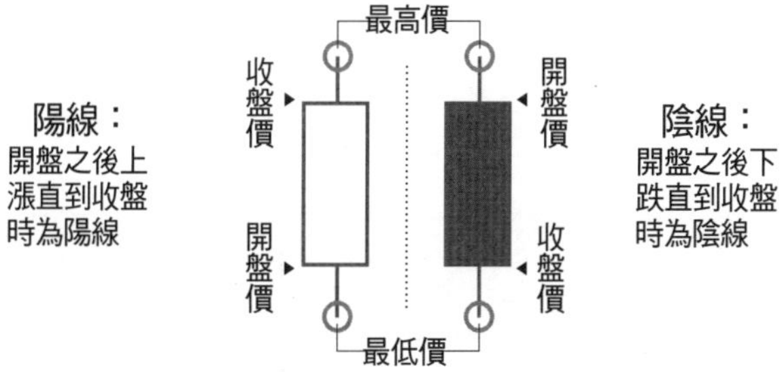

瞭解柱狀的意義！

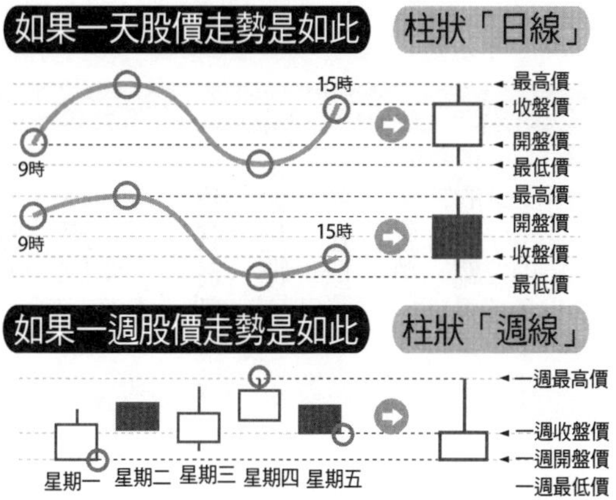

6. 短紡錘線		
實體是中長紅或中長黑，有上影線與下影線。	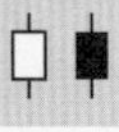	當天不是一面倒的多方強或空方強。

7. 長紡錘線		
上下影線很長，至少是實體的兩倍，小的實體在中間。	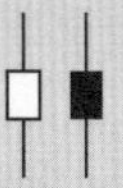	多方與空方拉鋸激烈，但最後雙方打成平手。出現在高檔，代表多方上漲出現很多壓力，導致漲勢受阻，最後回到接近原點。如果出現在低檔，代表下跌出現很大的抵抗，有止跌的現象。

8. 天劍線＆蜻蜓線		
上（下）影線很長，是實體的兩倍以上，實體小甚至沒有，下（上）影線很短。	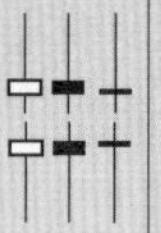	在高檔時是轉折向下的重要訊號，代表多方上漲遭受極大壓力；而在低檔是轉折向上的訊號，表示空頭已經出現多方力量。

9. T字線＆墓碑線（倒T字線）		
開盤價與收盤價相同，沒有實體棒，盤中下跌到最低點（倒T字線是上漲到最高點），最後收盤拉回到開盤價。		在線圖高檔是轉折向下的重要訊號，顯示多方無力上漲。
		在線圖低檔是轉折向上的重要訊號，代表空方已經無力在下跌。

10. 一字線＆十字線		
十字線：開盤與收盤價相同，沒有實體棒，上影線與下影線幾乎等長。 一字線：當天的開盤價、收盤價、最高價與最低價都是同一價位，表示當天是漲停板或跌停板。	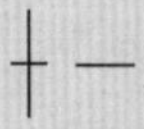	十字線表示當天多空雙方勢均力敵，無論出現在股價高檔或低檔，都可視為當天多空雙方的休戰。多頭可能次日繼續上漲，空頭可能次日繼續下跌。

（資料來源：雜誌《我用K線筆記每次獲利40%》。）

表5-3 K線形狀分析表

1. 長紅&長黑		
開盤價與收盤價價差幅度超過4.5%，而且（幾乎）沒有上下影線。		開低走高，多方強勢，買盤積極。得進一步分機是主力大戶買進，還是散戶的追逐，再決定是否買進。
		開高走低，空方強勢，賣壓積極。要分辨是主力倒貨還是散戶殺出，再決定是否賣出。

2. 含上影線的中、長紅／黑K線		
實體達2.5%以上，上方留有上影線，但不大於實體，形狀就像蠟燭一樣。	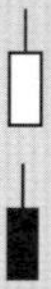	多方強，但在向上攻擊時遇到賣壓，無法把股價留在最高點，被空方壓回而留下上影線。
		空方強，股價雖一度上漲，最後卻被空方逼到以下跌作收。黑蠟燭是相當弱勢的表現，多頭可能止漲，空頭還會繼續下跌。

3. 含下影線的中、長紅／黑K線		
實體達2.5%以上，下方留有下影線，但不大於實體。		多方強，但開盤後曾經下殺，最後由多方拉回到最高點收盤。如果股價已在高檔，看到這種K線，要注意不漲或下跌的訊號。
		空方強，開盤就是最高點。這種K線型態在多頭是止漲的訊號，在空頭是繼續下跌的訊號。

4. 吊人線與槌子線		
下影線很長，至少是實體的兩倍，只要實體在上漲的頂端就是吊人線，在下跌的低點就是槌子線。	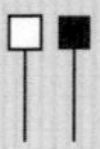	吊人線：在高檔，代表多方勢力受阻，盤中跌破開盤，最後的收盤接近開盤價。
		在低檔，代表空方有止跌現象，下跌到最低點後出現向上拉升的多方力量，最後將收盤價拉到接近開盤價。

5. 倒槌線		
上影線很長，至少是實體的兩倍，小的實體在下方。		出現在多頭、空頭或反彈的走勢中時，代表股價將往反方向轉折。

報》、《連「渡邊太太」都想學的K線匯率課》。

俗話說：「焦點在哪，成就在哪。」不論什麼時候進入股市，只要用心肯學，一樣能有成果。不然怎麼會有許多犀利媽、股市阿嬤出現呢！

零股的概念

在瞭解股市的基本概念後，你可能會想問：「我曾聽說過用零股交易達到財務自由，這是什麼意思？」

一般來說，股票的交易單位為一張一千股，因此未滿一千股的股票就稱為零股，我自己解釋為「零散」的股票。這種形式的股票是可以交易的，而這樣的交易稱為「零股交易」，每筆買賣委託量不得超過九百九十九股（含）。零股的交易時間是在下午兩點半，下單時間則是下午一點四十分到下午兩點半。上班族可以透過手機、行動裝置來進行下單。

購買零股的人分成兩種，一種是想要拿股東會紀念品的人，另一種則是看上某家公司，但是手上資金不足，因此採用分次或是定期定額購買零股的方式，來湊成一張股票。當然也有其他的購買原因，但不外乎這兩大類。

零股在投資市場中占有一塊天地，但是在**投資零股時，需要留意手續費**。由於購買零股的金額大多偏小，但還是必須支付手續費，因此相較於一般一整張的股票交易，零股的手續費用就顯得比較高。畢竟，一百元中的五元與一千元中的八元，比例上當然是前者較高，所以這也是投資人要換算的成本。

另外，通常零股交易不一定能買到預期的價格，而且在市場上要有供給量，才能買得到。換句話說，假設今天我想要買中華電信的零股五百股，但是市場上只有銷售一百股，便會有四百股買不到。若是這一百股的價格，最後是以一股一百零五元成交，而當日收盤價是一百零四元，那麼除了手續費之外，還用了比收盤價更高的價格購入，於是成本變高。因此，建議購買零股的投資人，在戰略上要思考清楚才行。

第30招

挑選基金必看報酬率，還要跟同類型比績效

Q 常聽到電視上說某某基金績效好，連市場的阿嬤都在買，基金真的這麼好賺嗎？

A 基金是源自許多人無法拿出大筆資金做投資，而衍生出的小眾聚資投資方式。好處是可以委託專業人士進行不同的金融投資，但同時會產生衍生費用以及選取標的的問題。

也許你沒投資過基金，但你一定聽過這個名詞。究竟什麼是基金？所謂的「基

金」，就是匯集很多人的錢，交由專業的經理人用這筆錢去操作投資股票、債券、期貨、權證、存款等標的，並且共同承擔盈虧。

舉例來說，五十個人每人拿出兩萬，總共一百萬元交給專業的管理者進行投資，當投資賺了十萬元，先扣除給予管理者的手續費，剩下的再平分給這五十位。相對的，如果虧損了十萬元，也一樣要支付手續費，用大家的本金共同承擔損失，這就是基金。

當然，只要是投資工具，便一定有優缺點。**基金本身的概念就是降低每個人的風險，用團體的力量以及委託專業，來跟大型投資集團一起玩金融遊戲**。因此，基金的第一個好處，就是小額即可投資。不同的金融商品通常有各自的門檻，少則數萬，多則數千萬，而基金最大的好處是利用「集資」的概念，用少許金額參與不同類型的投資，因此可以分攤風險。

其次，便是可以節省時間。畢竟已經交給專業的經理人或公司操作，還支付手續費用，等於為自己的基金聘請專業投資人團隊，做績效的分析與時事的注意，所以可以繼續專注在自己的事務上，只要定期檢視即可。這為投資人節省了非常多的時間成本與學習成本。

然而，有好處也一定有缺點，基金的缺點在於託管費用比其他工具來得高，而且投資人無法自行挑選每檔基金的投資標的。委託專業人士和機構管理，會產生開辦手續費、管理費等費用，這些費用每家不一樣，但都會降低投資報酬率。

另外，你無法設定每檔基金的投資內容標的，畢竟這是專業投資人士已經挑選好的，你只能接受或不接受，所以建議在挑選基金時，可以透過同時持有數檔基金，來為資金做第二層分散風險的動作。基金的收益大致分為以下幾種：

1. 利息的收益：一檔基金中的投資內容，可能跨足股票、存款、債券等金融商品，因此會衍生出利息。但利息是否會分給投資人，還是放回資金中運作，就要看基金一開始的說明而定，沒有一定或是好壞之分。

2. 淨值的價差：基金本身投資的也都是金融商品，因此一定會有價格上的變動，於是基金可以從中賺取價差，以確保獲利。因此，淨值價差也是一種基金收益來源。

3. 幣值的匯差：金融商品市場範圍遍及全世界，因此基金經理人不只投資本國的商品。由於外匯是一項可操作價差的投資工具，因此投資不同國家的商品，也會衍生幣值的價差，而這也是基金收益的來源之一。

我們**在投資基金時，會先以基金淨值做評估**。基金淨值一般指的是基金單位淨值，也就是基金的總資產減去總負債後的餘額，再除以基金發行的單位分額總數所得到的數字。開放式基金的申購與贖回，都是依照基金淨值的價格進行，但基金淨值的高低並不代表基金產品的好壞，只是一種統一的計算評估單位。

比方說，假設一檔基金從十元漲到十一元，表示同金額買進這檔基金的單位數會減少，以往若用一百元買，可以買到十個單位，但現在只能買到九個單位（小數點略過）。對於已經持有的人而言，這代表基金漲了一〇％。

基金分為開放式與封閉式兩種，開放式基金可以隨時購買與贖回，但封閉式不行，因此投資人在購買前要特別注意，自己想要買的是哪一種。我們知道基金是什麼之後，便要瞭解如何運用這個工具。

如何看績效

一檔基金的表現與績效，是由投資報酬率決定，但是報酬率不等於績效。舉例來說，你買了一檔A基金，當拿到對帳單時，發現這檔基金賺了一〇％，這一〇％就是A基金從購入到現在的報酬率。

報酬率通常會跟隨著市場行情起伏。報酬率是一個依據投資時間與單位價格計算出的絕對值，而績效是一個相對值，通常是和同類型其他的基金做比較得到的。不同類型的基金不會放在一起比較，畢竟投資目的與標的不同，例如債券型與股票型基金的報酬率幅度就完全不同，因此同類型的基金互相對比，才能看得出各自的績效好壞。

無論是哪一類的基金，都會有自己的組別。國際上有專門的指數編撰公司，會針對每一種不同的組別提供對比指數，並且作為衡量的標準。基金公司會選擇業界中較具有指標性和公認性的指數，作為對比的指數。這些都可做為評估標準。

第31招 基金類型好多種，依風險承受度選擇投資工具

Q 每一種投資工具聽起來都不錯，但是都有風險，這麼多種到底該怎麼選啊？

A 工具始終是工具，如果你要挖土，卻使用澆花的工具，永遠無法達成目的。投資時首先要知道自己的屬性，才能確認適合的投資商品。

無論是哪一種投資工具，都會針對不同的族群需求，出現相對應的衍生性金融商品。買基金也是一樣的道理，基金可依照投資標的不同分類，其中包含股票型、債券

型及貨幣市場基金。另外也會依照市場範圍分類，像是全球型、區域型或單一市場型。若是依照預期目標分類，則包含積極成長型、成長型、收益型與平衡型。

比方說，富達投信有一支基金為「歐洲基金Y股累計歐元」，它的基本資料如圖5-7表示。由簡介資料中可以發現，這檔基金類別為「歐洲大型均衡型股票」，因此可以知道它的投資標的是針對股票市場，屬於很標準的股票型基金。

再來市場範圍是歐洲，因此屬於區域型。此外，預期目標屬於均衡型。這些名詞會因為不同的基金公司而有些許出入，但可以在觀察基金的投資標的與評比風險等級時知道，畢竟每一家基金公司對於預期目標的定義不太一樣。因此，要瞭解基金究竟投資了哪些標的，以及歷年的報酬率，才能確認它是否符合自己的需求。

以「歐洲基金Y股累計歐元」為例，透過圖5-8可以發現，它的資產配置中，股票佔九八．五六%，現金佔一．四%，而風險評比為RR4，已經屬於中高階段，表示這檔基金屬於高獲利高風險類型。投資人是否要申購，得看自己的風險承受度，這可以透過以往的績效來評估。

以我個人為例，我會先看以往所有年度的總累積績效表，看看最低曾跌到多

圖5-7 富達投信的基金基本資料

基本資料

計價幣別	歐元
基金規模(2016/12/31)	7,218.67 (百萬歐元)
基金成立	2008/03/17
基金代碼	GYEUG
富達通代碼	--
晨星類別	歐洲大型均衡型股票
晨星評比	★★★★★
風險報酬等級	RR4
基金經理人	Matthew Siddle
國際證券代碼 ISIN	LU0346388373

少％，最高可漲到多少％。如果損失的部分已超過自己負荷，也就是無法在對帳單上顯示報酬率為△％，我就不會投資這類型的基金。

這個風險承受度，取決於每個人的投資目標與能承受的程度，畢竟高收益通常伴隨高風險，這是不變的道理。

投資人在瞭解基本的概念之後，可以廣泛尋找自己心目中理想的基金。在基金公司及銀行都可以購買基金，還有一些投資型保單也結合基金標的，但是相對的手續費用可能比較高，需要在購買前做功課。

如果你對基金有興趣，想要再深入研

圖5-8 資產配置圓餅圖

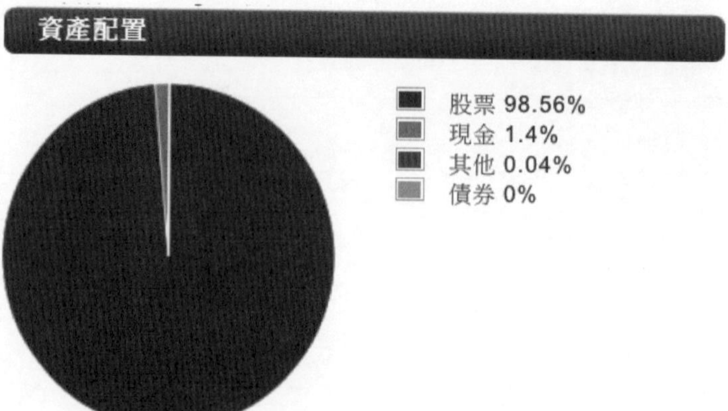

究，推薦你可以參考以下書籍：《第一次領薪水就該懂得理財方法2》、《我用4張表，存股賺1倍》。

第32招 沒時間看盤？ETF將投資標的化繁為簡

Q 很多不太懂股票投資的人都說，不懂大盤趨勢與產業分析沒關係，跟著ETF投資就好，真的是這樣嗎？

A 當然不建議不瞭解就貿然進場，但對於沒時間瞭解股市或是看盤的投資人而言，ETF確實是另一種投資選擇。

投資工具百百種，有一種你不能不知道，那就是ETF。

無論是基金還是股票，雖然說投資金額有小有大，但在投資標的上，還是有一定的限制。股票基本上投資的是一家公司，而基金投資的則是眾多的股票、債券等金融商品，但投資人不能自己挑選標的。新手投資人光是做完功課，就要花很多的時間，而且能投資的金額有限，那怎麼做才好？

這時要感謝ETF的出現，ETF的全名是「指數股票型證券投資信託基金」，簡稱「指數股票型基金」。**ETF是在證券交易所買賣，提供投資人參與指數表現的基金**。ETF以持有與大盤指數相同的股票為主，分割成眾多單價較低的投資單位，發行受益憑證。

ETF的概念，是將所有的優質股票放在一起，投資人不用一個個去買，直接檔這支基金即可。在ETF中，最知名的就是「台灣五〇」，全名為「元大寶來台灣卓越五〇基金」（代號：0050）。

當你買了台灣五〇的基金後，基金公司會拿這些錢去投資台灣前五〇大的公司股票，而這些公司在市場上的價值比較穩定。我們都希望投資標的可以穩定成長，台灣五〇正是依據這個概念來操作，因此是非常適合投資的工具。

當然，在ETF家族中，不是只有台灣五〇這一檔基金，基於市場需求，自然會衍生出不同獲利程度的金融商品，像是台灣高股息、台灣科技ＥＴＦ（投資科技產業）、台灣金融ＥＴＦ（投資金融產業）等，因此投資人可以針對自己的需求及喜好來尋找。

如果你想要更深入瞭解ＥＴＦ，可以參考以下書籍或雜誌：《第一次領薪水就該懂得理財方法》、《投機者講座》、《圖解第一次投資理財就能賺百萬》。

第33招 想穩定獲利又保值？債券、公債可列入考慮

Q 許多人說想要穩定獲利，就投資債券吧！債券真的可以不用擔心嗎？

A 不管投資什麼都一定有風險，債券確實風險較低，不過有很多種形式，所以要先搞清楚有多少種債券，再進行投資。

許多人不瞭解債券投資，加上東方人向來抗拒「債」這個字，因此，債券這項投資商品的關注度很低，但它是一個很適合新手入門的工具。

債券其實就是借據，只不過不是一般私人借貸的借據，而是可以在公開市場上交易。目前能發行債券的單位，有政府、金融機構與私人企業三種。當這三種單位缺錢時，可以透過債券向社會大眾借款，而民眾在付錢後，會拿到一張借據，也就是債券。

如同借據般，債券上面註明發行年限和債券利率。發行年限表示這張債券多久後可以換回現金，債券利率則是表示借款的單位會付多少利息、多久支付一次利息給購買人。

債券和股票一樣，是在公開市場上買賣交易，因此會隨著市場波動而有漲跌，但通常**債券市場與股票市場的趨勢是剛好相反的**。簡單來說，今天如果投資人都覺得股市行情好、投報率高，錢就會往股市流，所以債市不會有太多的熱錢，價格便下降。相反的，如果最近股市行情不好，債市就會湧進金流，價格自然就上漲。

許多人將債券作為分散風險的投資工具，債券的風險低，是因為借款出去會產生固定的利息，而且交易成本比較低。在公開市場的債券，不用擔心本金問題，只是相對股市來說，利率當然比較低，但通常比銀行定存高，而且可做為有價品抵押。在保值性上，債券是個不錯的選擇。

公債與債券型基金

債券若是由國家發行，就叫做公債，由私人企業發行，則稱為公司債。在投資的穩定度與靈活度上，當然是公債最佳，而公司債則需要看發行公司的債務狀況和營收，因此我們暫不討論公司債，畢竟以穩定度來說，國家當然比公司穩定。公債的相關資訊，可以到證券櫃檯買賣中心查看。

一般債券的面額都非常大，幾乎都以百萬來計算，所以大部分都是專業投資機構在交易，或是做投資組合運用，一般人很難買得起。

一般投資者多半是買債券基金。你一定會好奇，債券基金是什麼？債券基金就是投資債券的基金，因此在本質上算是基金而非債券。

債券基金的好處是，可以小額買賣，並且分散風險。但是要注意，既然是委託專業人士操作，就會有手續費用，若投資的是以國外貨幣計價，還有匯率的匯差成本。而且，要留意基金經理人所挑選的債券組合內容，以及過往績效，債券基金的組合不一定只有公債，有可能包含公司債。剛剛也提過，投資公司債需要瞭解每家公司的營運狀況，才能知道這張債券是否可能賠本，或是收不到利息。

雖然債券的風險比股票小很多，但是依舊有風險存在，而債券基金因為組合的債券變多，因此瞭解投資內容、投資經理人的操作手法與績效，相對上變得很重要。

專欄

實作教學！投資結果匯入 EXCEL 表單，做整體分析

做EXCEL財務報表，不僅能瞭解自身的財務狀況，還可以將投資結果整合在表格中，做定期追蹤，並配合財務報表一起做檢視。

首先，每月的財務報表中，可以依照當月的投資狀況，看看是否有多的收入可以列入。以圖5-9為例，收入可以列舉許多項目，獎金與投資收入也都算是收入，因此一樣需要依照規劃比例分配進帳戶中。若是希望自己的金雞母能更快速長大，可以將投資收入的錢，全數放進財務自由的帳戶中，繼續滾錢。

另外，隨著年紀和投資經驗的增長，你可以再多拉一張表單（參考圖5-10），列舉自己有哪些短期、中期及長期投資，然後將每一項投資都條列出來。另外，還建議標註類別與屬性，以便提醒自己，當初做這個投資的目的為何，比較不會打亂整個投資方向。

圖5-9 EXCEL收入支出表

財務工程表-六個帳戶

填表日期：西元 YYYY 年 MM 月 DD 日

姓名： | 生日：西元 1968 年 6 月 8 日

收入支出表(月)

Income 收入		Expense 支出		原支出比例	預算比例	月預算金額	試算公式
					0.00%		編列金額 $110,000
薪資收入（兩人）	$110,000	財務自由_定期定額基金A	$5,000	26.33%	29.00%	$48,140	$31,900
投資收入	$20,000	財務自由_定期定額基金B	$3,000				
租金收入	$23,000	財務自由_房貸A_投資_本金	$26,250				
三節獎金	$3,000	財務自由_房貸A_投資_利息	$9,450				
年終獎金	$10,000	長期儲蓄_房貸B_自住_本金	$29,160	22.99%	25.00%	$41,500	$27,500
分紅獎金		長期儲蓄_退休規劃_保單A	$3,000				
其他收入		長期儲蓄_儲蓄險_保單B	$3,000				
		長期儲蓄_壽險_保單C	$3,000				
		教育訓練_自我提升計劃	$10,000	6.63%	8.00%	$13,280	$8,800
		教育訓練_買書	$1,000				
		貢獻付出_家扶中心	$3,000	2.41%	5.00%	$8,300	$5,500
		貢獻付出_世界展望會	$1,000				
		休閒娛樂_購物旅遊	$5,000	6.02%	8.00%	$13,280	$8,800
		休閒娛樂_按摩	$2,000				
		休閒娛樂_健身房	$3,000				
		生活支出_餐飲費用	$10,000	24.74%	25.00%	$41,500	$27,500
		生活支出_房租費用	$0				
		生活支出_房貸B_自住_利息	$11,666				
		生活支出_交通費用	$3,000				
		生活支出_勞健保	$900				
		生活支出_所得稅	$1,500				
		生活支出_父母孝養金	$4,000				
		生活支出_保費支出_醫療意外險	$3,000				
		生活支出_日常用品	$2,000				
		生活支出_紅包	$2,000				
		生活支出_手機/室話/網路	$2,000				
		生活支出_水/電/瓦斯	$1,000				
總收入	$166,000	總支出	$147,926				
每月淨現金流	$18,074	總收入目標(YYYY/MM/DD)	$200,000				

將所有的收入都列舉在此。

支出項目則依照六個帳戶的概念列出。

可比較預算分配的比例與實際支出的比例差距，並抓出月預算金額。

最後，要加進每月投入金額與累積至今的資產總值，然後算出年平均獲利，就能隨時瞭解和查看這檔投資目前的狀況，以及是否需要調整。

另外，對於股票型、基金型的投資，可以再拉出一個備註欄位，將可連結到相關資料的網址放進表單中。如此一來，就能只靠一張表單，瞭解自己所有投資品項的狀況，並且依照不同的品項，檢查自己的每一筆投資收益。

圖5-10 用EXCEL表檢視投資績效

投資項目	投資類別	屬性	每月投入金額	目前資產總值	每年平均獲利%	績效狀況（1-10分）
財務自由_定期定額基金A	基金	短期投資	$5,000	$500,000	11%	6
財務自由_定期定額基金B	基金	短期投資	$3,000	$200,000	9%	7
財務自由_房貸A_投資_本金	房產	長期投資	$26,250	$9,000,000	8.75%	8
長期儲蓄_房貸B_自住_本金	房產	長期投資	$29,160	$10,000,000	0%	-
長期儲蓄_退休規劃_保單A	保單（國內）	長期投資	$3,000	$300,000	5%	5
長期儲蓄_儲蓄險_保單B	保單（國外）	中期投資	$3,000	$600,000	6%	5
財務自由_股票A	股票	短期投資	$0	$300,000	5%	4
財務自由_股票B	股票	短期投資	$0	$346,500	8%	7

依照投資類別做區分。

替績效評分。

結語
理財理出樂趣，一輩子不再為錢傷神

首先，我要恭喜你看到這裡。本書之於理財只是一個開始，而且是個架構性的開端。對於一個以往與財務規劃沒有太大連結，又一心想要賺大錢，而撞進投資、槓桿與財富世界的人來說，這本書真的是經歷許多教訓而誕生。

我身為七年二班的社會人，在學生時期，學校根本沒有教導理財相關的知識，也不會有人特別告訴你應該要學會理財，絕大多數人都是看著父母怎麼做，然後分成願意與不願意照著做這兩種。我就屬於那種不聽信父母勸告的人，因此有許多很深刻的「回憶」。

當我還不清楚自己該往哪個事業方向發展時，沒有非常重視財務金流管理，畢竟在一人飽全家飽的階段，多摸索產業領域反而是當時的重心。但這段期間，正因為不瞭解而產生許多損失，其實最基本的關鍵就是財商不足，以及自以為有主角光環，簡單來說就是太自以為是。

理財是一種習慣，一旦養成了就是一輩子的事情，因此不用過於恐懼，說穿了，就跟學走路沒太大差別。現在的資訊多到沒有整理就會看不懂。其實我從一個月光族，到投資失敗，再到現在可以瞭解這些相關知識，運用在生活上，甚至加上整理活用，也不過花了兩年多的時間。

這段期間，除了要調整與增加自己的財商外，更要為自己創造許多收入來源。我要慎重告訴你，**投資真的可以協助你將現有的一塊錢變成兩塊錢，但是你必須動手自己賺進第一個一塊錢。**

持續穩定的收入，才能再透過投資變大！好好控管自己的收入與支出，五年要存下一百萬元、十年內要存到一千萬元，真的不是非常難的事。姑且先不計算複利效果，單就儲蓄而言，五年想存一百萬元，每年只要存下二十萬元，一個月只要存下一萬六千六百六十七元即可達成，如果加上適合自己的投資工具，真的可以存下第一桶金。

不論你現在的起點在哪裡，是正的也好，是負的也罷，重點在於有沒有決定要開始走向富裕的道路。切記一個重點，你不理財，財就不會理你！

就從現在開始吧！

國家圖書館出版品預行編目(CIP)資料

為何有錢人都用 EXCEL 理財筆記術：33 招致富秘笈，薪水 3 萬也能翻身！
/ 艾莉思著
-- 二版. -- 新北市 ； 大樂文化 , 2020.03
面； 公分. --（Money：24）
ISBN 978-957-8710-56-6（平裝）
1. 個人理財 2. 投資
563 108022632

Money 024

為何有錢人都用 EXCEL 理財筆記術

33 招致富秘笈，薪水 3 萬也能翻身！

（原書名：《為何有錢人都用 EXCEL 輕鬆存1,000萬》）

作　　者／艾莉思
封面設計／江慧雯
內頁排版／思　思
內頁插圖／C-NO
責任編輯／簡孟羽
主　　編／皮海屏
圖書企劃／王薇捷
發行專員／劉怡安
會計經理／陳碧蘭
發行經理／高世權、呂和儒
總編輯、總經理／蔡連壽
出 版 者／大樂文化有限公司（優渥誌）
地址：220 新北市板橋區文化路一段 268 號 18 樓之一
電話：（02）2258-3656
傳真：（02）2258-3660
詢問購書相關資訊請洽：2258-3656
郵政劃撥帳號／50211045　戶名／大樂文化有限公司

香港發行／豐達出版發行有限公司
地址：香港柴灣永泰道 70 號柴灣工業城 2 期 1805 室
電話：852-2172 6513　傳真：852-2172 4355

法律顧問／第一國際法律事務所余淑杏律師
印　　刷／韋懋實業有限公司

出版日期／2017 年 6 月 5 日
2020 年 3 月 26 日二版
定　　價／280 元　　（缺頁或損毀的書，請寄回更換）
I S B N　978-957-8710-56-6